W0067155

Dr. med. Joachim Hensel
Über den Sinn des Leidens

Aus der Sprechstunde Band 20

Inhaltsverzeichnis

Wenn du bei Nacht den Himmel anschaust,
wird es dir sein, als lachten alle Sterne,
weil ich auf einem von ihnen wohne,
weil ich auf einem von ihnen lache.

„Der kleine Prinz"
von Antoine de Saint-Exupéry

Geleitwort von Dr. M. O. Bruker

Meinem Kollegen Joachim Hensel danke ich sehr, daß er seine Gedanken zu Krankheit, Leid, Tod niedergelegt hat und begrüße ihn in dieser Buchreihe „Aus der Sprechstunde" auf das herzlichste.

Wir Ärzte lernen in unserer Ausbildung hervorragende Diagnostik und symptomatische Behandlung. Wir lernen aber nicht, wie man mit dem Leid des Patienten umgehen sollte, wie wir uns den Problemen stellen sollten, die jede Krankheit nun einmal mit sich bringt.

Der Patient hat aber ein Recht darauf. Wem sollte er sich denn sonst in seiner Not zuwenden? Er braucht eine klare Antwort und Hilfestellung von dem Menschen, den er im Falle einer Krankheit aufsucht. Und das ist der Arzt. Ihm vertraut er, von ihm erhofft er Hilfe und Beistand. Auch und gerade, wenn es sich um eine unheilbare oder gar tödliche Krankheit handeln sollte.

Und hier ist es sicher so, wie Kollege Hensel es taktvoll andeutet. Wir Ärzte fürchten den Tod wie der Teufel das Weihwasser. Eine unheilbare Krankheit führt der hochentwickelten

Medizin ja immer wieder vor Augen, wie eng gesetzt ihre Grenzen sind. Und das mag man nicht akzeptieren.

Es ist aber so, daß wir endlich sind. Das Sterben beginnt ja eigentlich schon mit der Geburt. Und wer sich nicht beizeiten vertraut macht mit dem Gedanken, daß er nicht für ewig von dieser Welt ist, wird sich in entscheidender Stunde schwer mit der Tatsache abfinden können.

Eine unheilbare Krankheit annehmen, ist Gnade. Ich konnte immer wieder beobachten, wie diese Menschen über sich selbst hinausgewachsen sind, als hielte sie eine unsichtbare Hand. Sie waren oftmals mutiger, kraftvoller, gebender als die angeblich Gesunden in ihrer Nähe. Da fragt man sich: Wer ist denn nun eigentlich der Kranke?

Ich möchte mit den tröstlichen Zeilen von Rainer Maria Rilke schließen:

Herbst

Die Blätter fallen, fallen wie von weit,
als welkten in den Himmeln ferne Gärten;
sie fallen mit verneinender Gebärde.
Und in den Nächten fällt die schwere Erde
aus allen Sternen in die Einsamkeit.

Wir alle fallen.
Diese Hand da fällt.
Und sieh dir andre an:
Es ist in allen.

Und doch ist einer, welcher dieses Fallen
unendlich sanft in seinen Händen hält.

Ihr
Dr. M. O. Bruker

*Niemand erscheint mir unglücklicher
als ein Mensch, dem nie eine
Widrigkeit zugestoßen ist.*

Seneca

Über den Sinn des Leidens

1. Einleitung und Begründung des Themas

Wenn Sie das Thema dieses Aufsatzes noch einmal in Ruhe gelesen und durchdacht haben, werden Sie sich zu Recht fragen: „Was ficht einen bis dato noch unbescholtenen Landarzt aus Friesland an, sich mit einem derart schwierigen Thema zu befassen?" Es ist schließlich ein Thema, über das sich seit Menschengedenken unsere Vorfahren die Köpfe zerbrochen haben. Philosophen und Theologen, Könige und Knechte, Betroffene und Pflegende haben sich daran versucht. Ganze Bibliotheken sind vollgeschrieben worden, und selbst große Geister haben diesem Thema ganze Werke gewidmet. Ich erinnere nur an *Thomas Mann*, den Autor u. a. eines umfangreichen Buches mit dem Titel „Größe und Leiden der Meister".

Sie werden also von mir, dem kleinen Geist und Meister, zum Umgang mit Krankheit, Leid und Tod daher nur einige Gedanken – und sicherlich keine neuen fertigen Konzepte – erwarten können. Aber meine Denkanstöße sollen unser Handeln positiv verändern. Sie sollen uns, den Helfenden, Mut machen und uns miteinander verbinden. Und natürlich will ich auch etwas Ursachenforschung betreiben und gegen den Zeitgeist steuern, der uns ständig verwirrt. An dieser Stelle möchte ich *Rousseau* zitieren: „Ich würde mir nicht anmaßen, die Leute zu belehren, wenn andere sie nicht irre-führten." Da ich weiß, wie Sie alle durch Ideologien, Werbung und Medien irregeführt werden, liebe Leser, erlaube ich mir, Sie zu belehren.

Was mich trotz aller Einwände dazu gebracht hat, über den Sinn des Leidens zu sprechen und zu schreiben, will ich Ihnen nicht verhehlen: Es sind drei Gedanken, die ich meinen Ausführungen voranstellen möchte.

a) Womit habe ich das Leid verdient?

Jeder kennt die Frage: „Womit habe ich das verdient?", wenn ihn eine Krankheit befällt, ein Schicksalsschlag trifft, wenn er Pech hat oder ihm Leid verordnet wird. Früher habe ich hinter dieser Frage immer das unergründliche Schicksal, den Lebensweg gesehen, den man nicht voraussagen kann, das Fatale, Kismet oder Karma.

Später dann erweiterte ich diesen Blick um die „Theodizee-Frage": „Wie kann ein gütiger, liebender und allmächtiger Gott Leid zulassen? Solch ein Leid, solch ein Schicksal? Warum tut ein allmächtiger Gott nichts dagegen, daß überall so viel Leid geschieht? Daß auch junge Menschen sterben müssen und Kinder Krebs haben? Warum läßt er das zu?"

Nach meiner Begegnung mit dem Begriff der selbstverschuldeten Krankheiten, der Zivilisationskrankheiten, und besonders nach meiner Begegnung mit *Dr. Max Otto Bruker* vor über zehn Jahren fand ich dann eine neue Antwort auf das „Womit habe ich das verdient?". Ich habe gelernt, daß die *Frage* ganz legitim, nur *Gott* nicht immer der richtige Adressat ist, denn das bin ich oft selbst. Ich lernte ernährungs- und lebensbedingte Krankheiten zu unterscheiden und von den Krankheiten zu trennen, die durch die toxische Gesamtsituation unserer Umwelt ausgelöst worden sind. Und ich fand in der Biographie meiner Patienten, die wir Ärzte in der Anamnese besonders intensiv studieren sollten, vielfache Antworten auf die Frage nach dem „Womit habe ich das verdient?".

Ich habe immer wieder versucht, in Ernährungsanamnesen und Lebenserzählungen Schlüssel für die Krankheitsentstehung zu finden und das Gefundene in den Lebens- und Heilungsplan einzubauen. Wenn auf diese

Weise eine Erklärung für die Entstehung des Leides gefunden wurde, läßt sich dem Leid schon ein Sinn zuordnen. Es ist ein Sinn, der dem Betroffenen hilft, auf dem verkehrten Lebensweg haltzumachen, umzukehren und künftig mit mehr Nachdenken verantwortungsvoller und gesünder zu leben. Den Helfern wird so die Arbeit der Begleitung des Betroffenen erleichtert und die Richtung der Hilfe gewiesen. Aber: Ist das die ganze Antwort auf die Frage „Womit habe ich das verdient?".

b) Warum erfreue ich mich nicht einer leid-freien Zeit?

Neben der Frage nach dem „Womit habe ich das verdient?" ist da noch mehr, was mich seit langem ursächlich beschäftigt: Ich bin im täglichen Umgang mit Krankheit und Leid immer wieder verzweifelt darüber, daß diejenigen, die kerngesund und munter sind, nicht jeden Morgen fröhlich singen und dankbar dankend laut schreien vor Lebensfreude! Weil sie so herrlich gut funktionieren, weil sie so geschaffen sind. Aber – wäre dieses Denken geübtes Allgemeingut, dann hätten wir es vermutlich alle leichter, wenn uns nach einer Phase von lebensfrohem gesundem Leben eine Krankheit befällt. Es wäre einfacher,

diese Krankheit einzuordnen und zu ertragen. –
Aber so sind wir nun einmal nicht. Es ist uns
nicht gegeben, unser gesundes Leben von vorne-
herein dankbar anzunehmen und zu genießen.
Wir müssen vielleicht erst durch das Tal gehen,
um auf den Gipfel zu kommen!

c) *Wird die Lebensqualität nach Leid größer?*

Der dritte Punkt ist der, bei dem ich mich nun
wirklich akut zu diesem Referat gedrängt fühle.
Und darüber will ich Ihnen berichten:

Im Jahre 1990 wurde in der renommierten
Deutschen Medizinischen Wochenschrift von
Roder u. a. aus der Chirurgischen Klinik und
dem Institut für Psychosomatische Medizin in
München eine bemerkenswerte Studie veröf-
fentlicht. Sie besagt, daß sich Patienten, denen
man die Speiseröhre wegen Krebsbefalls heraus-
operiert und durch eine Kunststoffprothese ersetzt hat, in ihrer Lebenszufriedenheit höher
einschätzen als gesunde Vergleichspersonen.
Psychologen hatten mit standardisierten Frage-
bögen „allgemeine körperliche Beschwerden",
„Lebenszufriedenheit", „Psychosoziale Belastungen" und andere Parameter befragt.
Schwerstkranke, Todgeweihte sind zufriedener
mit ihrem Leben als Gesunde!

Dieses Ergebnis hat mich zutiefst erschreckt. Ist also eine so schwere Erkrankung nötig, um höhere Lebensqualität zu erreichen? Kommen wir erst zu einem beglückenden, hohen Lebensgefühl, wenn wir durch tiefes Leid gegangen sind? Ist Krankheit notwendig, um den Sinn des Lebens zu finden? Oder ist es der Sinn der Krankheit, dem Leben einen anderen Wert, einen anderen Weg und eine andere Bedeutung zu geben?

Ich bin gesund und darf Gott sei Dank – und das meine ich ganz wörtlich – jeden Tag ohne Medikamente oder Schmerzen einen erfüllten Tag leben. Wie kann ich aber dann als Arzt die Krankheiten meiner Patienten verstehen und sie richtig begleiten, wenn ich nicht selbst durch tiefes Leid gegangen bin?

Es sieht hier so aus, als ob ich mir, um Zufriedenheit und hohe Lebensqualität zu bekommen und gleichzeitig einfühlsam arbeiten zu können, Leid verordnen muß! Dieser zynische Schluß liegt zumindest nahe.

Nachdem ich Ihnen meine Beweggründe dargelegt habe, möchte ich Sie bitten, bei sich selbst ein wenig zu forschen: Sind Sie auch erst durch leidvolle Erlebnisse zu dem verantwortungsvollen Umgang mit Ihrer Gesundheit und mit Ihrem Körper gekommen?

Wie ich erfahren habe, ist die Zahl der Menschen, die diese Frage mit „Ja" beantworten, erschreckend groß. Das veranlaßte mich, noch intensiver über den Sinn des Leidens nachzudenken. Es gibt viele Menschen, die sich schon seit langem mit dieser Frage befassen. Auch in anderen Fakultäten als in der Medizin ist man zu dem Ergebnis gekommen, daß Leid sein muß zum Sieg. Schweiß vor Preis. So sagt zum Beispiel die Dichterin *Marie von Ebner-Eschenbach* über ihre schriftstellernden Kollegen: „Es schreibt keiner wie ein Gott, der nicht gelitten hat wie ein Hund." Der von mir so hochverehrte russische Dichter *Tschingis Aitmatow* hat gesagt: „Der Tag, an dem ich mich nicht mehr aufrege und quäle, mich beunruhige, nicht mehr suche (und leide), wird der schwerste Tag in meinem Leben sein." Und der mittelalterliche Mystiker *Heinrich Seuse* sagt: „Ein Mensch, der nicht gelitten hat, was weiß der?" Im Volksmund heißt es: „Es ist ein Unglück, nie Unglück zu haben, denn Glück verfettet, Unglück macht durstig" oder: „Wer nicht weiß, was eine Wunde ist, der hat gut reden über Narben". Und *Goethe* nimmt als Motto für seine Lebenserinnerungen ein griechisches Sprichwort auf: „Der Mensch, der nicht geschunden wird, wird auch nicht erzogen." *Prof. Spiekermann,* ein Hamburger Theologe, sagt: „Nach dem Gang durch das Leid hat die Hoffnung eine andere Basis"; und *Rudolf Steiner* beschreibt den Gang durch Leid und Krankheit als „einen Weg durch ein tiefes Tal, in dem man den Ruf des Engels hört, der einem den Schlüssel zu längst verschlossenen Türen gibt". Das Öffnen dieser Türen biegt in der Biographie dieses Menschen etwas um.

Halte keinen für glücklich, der von seinem Glück abhängt. Die Freude an äußeren Gütern steht auf tönernen Füßen. Jede Beglückung, die von außen kommt, verläßt uns wieder. Jene Werte hingegen, die im Innern wurzeln, wachsen und begleiten uns bis ans Ende.

Seneca

2. Warum gehen wir so schwer mit dem Leid um?

Wenn nun, wie in diesen wenigen Zitaten angedeutet, das Leid uns auch so viel Positives bringen kann, zur Lebenserfüllung beinahe dringend nötig ist, warum gehen wir dennoch so schwer damit um? Warum bringt uns niemand bei, wie man aus dem Leid etwas lernt?

a) *Das Gegenteil von Leid, nämlich Glück ist heute unser Lebensziel!*

Nun ist Leid für uns das Schlimme an sich. In Synonyma-Lexika finden wir unter dem Stichwort „Leid" alle gräßlichen Vokabeln, die uns bekannt sind: Da steht „widerwärtig, unangenehm, abgeneigt, überdrüssig, scheußlich, böse, lästig, unerfreulich, betrübend, kränkend, verletzend, aber auch Kummer, Schmerz, Plage, Ekel" usw. So ist – ganz schlicht gesagt – das Leid der Gegensatz zu dem, was wir heute als Lebensziel und Lebensinhalt für uns sehen: das Gegenteil von Glück und Lebensfreude. Früher war das wohl anders. Uneingeschränkt dem Glück nachzujagen, galt bei den Menschen als unangemessen. Das Ertragen von Leid schien eine dem Menschen zugewiesene Lebensbürde zu sein. Sicher war es dadurch einfacher zu ertragen. Vielleicht war das Glück dadurch tiefer zu genießen. Doch sind Leid und Glück nicht nur Kontraste. Sie sind Pole, die sich gegenseitig anziehen, sie sind miteinander verwoben, es sind zwei Worte, „die sich gegenseitig die Zunge zeigen" wie *Saint-Exupéry* einmal gesagt hat. In einem Gedicht hat *Richard Dehmel* diese verbindende Polarität beschrieben:

> *Es ist ein Brunnen, der heißt Leid,*
> *draus fließt die lautre Seligkeit.*
> *Doch wer nur in den Brunnen schaut,*
> *den graut.*

Seligkeit und Grauen liegen beim Leid dicht nebeneinander, sie sind miteinander verknüpft und müssen wohl auch beide nacheinander ausgelöffelt werden.

b) Was ist Glück und was ist Leid?

Wenn wir vom Leid reden, müssen wir auch vom Glück reden. Auch über das Glück haben unsere Vorfahren intensiv nachgedacht und es unterschiedlich beurteilt. Eine Darstellung der verschiedenen Ansichten zu diesem Thema würde den Rahmen dieser Ausführungen sprengen. *Aristoteles, Epicur, die Stoiker, Thomas von Aquin* und *Immanuel Kant* haben mit vielen anderen darüber nachgedacht. Heute haben wir eine handfeste Vorstellung vom Glück, von der Wohlfahrt, vom Nutzen, von der Neigungserfüllung, von Konsum und von der Bedürfnisbefriedigung. Alles das fassen wir in dem Warenkorb Glück zusammen.

Wenn Glück im Sinne des Hedonismus heute unser Lebensziel ist, dann muß Leid unser Leben massiv beeinträchtigen. Was aber ist nun eigentlich Leiden?

Über Leiden und Übel soll man nicht nachdenken, sagt *Voltaire*. „Die Frage nach dem Leid", so sagt er wörtlich, „ist ein intellektuelles Spiel für die, die disputieren. Sie sind Sträflinge, die mit den Ketten rasseln." Und *Gertrud von le Fort* sieht es noch schlimmer: „Gerechtigkeit ist nur in der Hölle. Im Himmel ist Gnade und auf der Erde ist das Kreuz, das Leid."

Leiden ist das, wogegen ich im Augenblick glaube, nichts tun zu können, wo das geschieht, was ich nicht will und von dem ich glaube, daß alle hilfreichen Bemühungen zu einem hilflosen Ende gekommen sind. Leiden ist aber mehr als nur physischer Schmerz. Die Angst vor dem physischen Schmerz ist oft schlimmer als der

Schmerz selbst. So wird die Angst vor dem Leiden auch die Angst vor der Angst. Die Angst vor der Situation „wo mir am allerbängsten wird um mein Herze sein". So ist auch die viel zitierte Angst vor dem Tod nicht eine Angst vor dem Totsein, sondern eine Angst vor dem Sterben, dem Sterbevorgang mit all seinen Leiden, Kümmernissen und dem Alleingelassenwerden. Und es ist auch eine Angst vor der Unverfügbarkeit beim Sterben, vor der Situation, in der die eigene Führung meines Lebens aus meiner Kontrolle gerät, wo über mich fremdbestimmt wird. Wie ein Fremdkörper in meinem Dasein entfaltet das Leiden mit dieser Angst in mir ein Eigenleben. Statt als Leiden mich zu stimulieren, zu Umkehr und Gewinn neuer Lebensfreude anzuregen, führt es mich in die Passivität. Wir lernen daraus, daß Leiden dort beginnt, wo es nicht gelingt, den sinngebenden Prozeß zu entdecken und zu unterstützen und dadurch das Sinnlose des Leides zu durchbrechen.

Um Leiden hier einmal zu verbalisieren, und damit nicht der Eindruck entsteht, ich verstände darunter nur die rein physischen Schmerzen, will ich hier einige typische Leidensäußerungen von Patienten wiedergeben:

Jetzt bestimmen der Krebs und die Ärzte über mein Leben.

Ich bin nichts mehr wert.

Ich bin nicht mehr Herr über mich.

Ich bin lebenslang Gefangener meiner Krankheit.

Mich ekelt, wenn ich in den Spiegel sehe.

An mir ist nichts mehr heil.

Mein ganzer Leib ist böse.

Ich sterbe stückweise.

So vergehen die Tage, die Wochen, wie lange noch?

Sorgen über Sorgen.

Schwach und elend bin ich, vielleicht noch lange krank.

Die anderen bekommen im Krankenhaus Besuch, ich nicht, bin ich schlechter als die anderen?

Bin ich schon aufgegeben?

Es demütigt meinen Stolz, mich wie ein Kind behandeln zu lassen.

Es ist alles so verworren: der Arzt hat seine Meinung über mich und meine Krankheit, meine Familie weiß alles besser und gibt kluge Ratschläge, meine eigenen Gedanken gehen hin und her.

Wie schnell geht das. Ich kann es kaum begreifen, und nun liege ich fest im Bett.

*Ich habe Angst vor der Operation. Warum bin
ich so ängstlich? Alle reden vom Jahr-
hundert der Chirurgie mit all den Fort-
schritten, und ich liege hier und habe
trotzdem Angst.*

*Was habe ich verbrochen, daß ich so gestraft
werde?*

*Wenn ich an meine Lieben denke, tut mir das
Herz so weh.*

*Ich bin wütend und neidisch auf alle Gesun-
den.*

Das sind Leidensäußerungen, an die man zunächst bei dem Wort Leid nicht denkt. Und
doch ist dies das Unerträgliche des Alltags der
Kranken. Und es ist das Nichtausgesprochene,
vielleicht auch das noch nicht einmal innerlich
Formulierte oder das Heimliche. Das, womit
man als Leidender auch niemanden belasten
möchte, wo eben, wie gerade gesagt, die Gedanken so ständig hin und her gehen. Diese Äußerungen müssen oft erst mühsam herausgeklopft
werden und zeigen uns dann, wo wir helfen
können.

c) Welche Strukturen erschweren uns heute den Umgang mit dem Leid?

Ich hatte mir die Frage gestellt, warum wir das Leid so schwer ertragen können. Das Unvermögen, Leid zu ertragen, liegt also unter anderem auch in unserem Streben nach dem Lebensglück. Unser Lebensstil ist darauf ausgerichtet, Lust zu suchen und Unlust zu vermeiden.

Diese Einstellung ist aus der Sicht aller Philosophen seit jeher völlig falsch. Sie halten die Menschen, die so glücksuchend leben, für Dilettanten des Lebens. In den Händen dieser Menschen, die nur nach der Lust suchen, wird alles, was sie anfassen, zu einem Mittel zum Zweck und damit zur Un-Lust. Der Beruf ist Mittel, um Geld zu verdienen. Die Geselligkeit ist Mittel, Beziehungen zu schaffen. Die häusliche Umgebung ist Mittel zum Imponieren. Die Erholung ist ein Mittel, die ramponierte Gesundheit zu reparieren. Zeit ist Geld, und Wissen ist Macht. Nichts wird um seiner selbst willen getan, nichts spendet echte Befriedigung, alles ist einem anderen dienlich. *Ludwig Reiners*, der sich in seiner „Sorgenfibel" über diese Fragen Gedanken gemacht hat, sagt: „Unaufhörlich opfern wir das Heute dem Morgen." In diesem Konzept ist für Leiden kein Platz. Leiden ist da

25

nur eine unbillige Störung. Die vergangenen Leiden sind Gegenstand ständiger selbstquälerischer Erinnerungen. Die gegenwärtigen Leiden werden den Mitmenschen in schöner Breite ständig neu ausgemalt. Die künftigen Leiden verstellen lähmend den Horizont und sind Ursache für unentwegte Sicherungen und Versicherungen gegen alles das, was noch kommen mag. Aber das alles ist umsonst: der gewerbsmäßige Lustsucher – so sagt *Reiners* – bleibt immer unlustig. Die großen Sorgen fressen die kleinen. Alle Ansprüche sind wandelbar: Zeit und Umstände vermögen sie ständig zu ändern. Die irdischen Güter sind nicht das Glück selbst, sondern nur ein Rohstoff des Glückes. Sie produzieren aber einen neuen Stoff, und der heißt Neid, und dieser Neid ist der Todfeind aller Zufriedenheit und allen Glückes. Und er liefert Leid.

Aber nicht nur das Rennen nach dem Glück macht uns das Leid heute so schwer. Es sind grundsätzliche Wandlungen unserer Lebensordnung, die den Umgang mit Leid, Krankheit und Tod heute erschweren:

Dazu gehört die Auflösung der Großfamilie, die uns einen Verlust an haltenden und orientierenden Funktionen gebracht hat. Es fehlt die Selbstverständlichkeit, mit der ein Leidender,

Behinderter, Kranker, Sterbender, zu Pflegender in der Familie versorgt wird. In jeder Großfamilie gab es früher eine unverheiratete Tante, die aufopfernd pflegte und oft auch von Haus zu Haus ging. Die Auflösung der Großfamilie brachte uns vermehrte Mobilität und größere Freiheit. Aus der Freiheit, der Loslösung von Verpflichtungen, wurde die Anbetung von Freizeit, und als Folge der vermehrten Mobilität entstand eine allgemeine Reise- und Zerstreuungssucht.

Außerdem ist der Verlust der Bedeutung der Arbeit als Lebensinhalt zu beklagen. Unter meinen Patienten gibt es ein altes Ehepaar, bei dem über dem Bett ein in Kreuzstich gestickter Spruch hängt: „Zwei Lebenssäulen brechen nie, Gebet und Arbeit, achte sie." Diese beiden Säulen, die uns einmal Halt gaben, sind längst gebrochen. Das Gebet ist vergessen. Die Arbeit ist nur noch ein Job, der Geld für das Leben und die Erfüllung der Wunschträume und für die Freizeitgestaltung erbringen muß. Ist die Arbeit zu belastend, heißt heute Umschulung die Devise. Lebenslange Treue zu einem Beruf gibt es nicht mehr. Die Identität mit dem Beruf ist schon lange verloren.

Zugleich wird die Jugendlichkeit der Menschen angebetet. Es kommt zu einer verkrampften Identifikation von Eltern und Großeltern mit ihren Kindern und Enkeln. In der Psychiatrie nennt man das „Regression". Es entsteht ein Zerrbild von Jugendlichkeit. Dieses Bild wird als „Infantilismus" bezeichnet, und Psychiater sagen uns, die Ursache für dieses Verhalten sei eine Abwehr von Reife und dem Tragen von Verantwortung. Natürlicherweise folgt dem Anbeten der Jugendlichkeit eine Abwertung des alternden Menschen. Seine Bedeutung und Würde wird dem Nützlichkeitsdenken geopfert. Nach dem Leistungsprinzip schieben wir die alten Menschen beiseite und zerbrechen damit die Kette, in der wir doch selber nur ein Glied sind. Das wirkt besonders paradox in dieser Zeit, in der die Alterspyramide auf den Kopf gestellt ist.

Daneben steht ein Verlust religiöser und ethischer Bindungen und Normen. Wir sind bindungsunfähige Menschen geworden, die nur das „Ich – meiner – mir – mich" zu deklinieren gelernt haben. Das Individuum ist Maß aller Dinge geworden. Das sind dramatische Auflösungserscheinungen in den Beziehungsstrukturen. Eine zügige Ausbreitung der Eigenliebe führt uns in eine zerbröselnde, autistische Gesellschaft. Aus dem sittlichen Normenprinzip ist das „Lustprinzip" (S. Freud) geworden. „Ich habe Lust" ist ein Filmtitel, „ich liebe Genuß sofort" ist der Reklamespruch eines Kaffees.

Sie müssen die Entfaltung dieses breitangelegten Szenarios entschuldigen. Aber wir können heute über Krankheitsentstehung und Leidbewältigung nicht reden, ohne auf diese ursächlichen, sich unablässig wandelnden Strömungen hinzuweisen. Wenn nun also Kindlichkeit, Kleinfamilie, Freizeit und totales Lustprinzip zum Markenartikel der Konsumgesellschaft geworden sind, so wird nach den Prinzipien, die ich bei meinen Lehrern *Prof. Arthur Jores* und *Prof. Hans Bürger-Prinz* (Hamburg) gelernt habe, genau in diesen Dingen ein Mangel beim Endverbraucher herrschen. Aus allem entsteht das karikierte Gegenteil: aus der Kindlichkeit ein Verlust an Alterswürde, aus der Kleinfamilie Egoismus und Ehescheidung, aus der Freizeit eine Unruhe mit Sucht nach Zerstreuung und Ferne, aus der Lust eine Impotenz und aus dem Glück Leid.

Wie gehen wir nun in einer derart veränderten Gesellschaft mit Krankheit und Leid um, mit der Einschränkung unserer eigenen Freizügigkeit, mit plötzlich verordneter Unfreiheit? Wie werden wir mit den sozialen Folgen einer so massiven Beeinträchtigung fertig? In einer Zeit, wo alles auf den Höhepunkt von körperlicher, sexueller, psychischer und geistiger Leistungsfähigkeit und allgemeiner Fitneß ausgerichtet ist? In einer Zeit, da Fitneß und Schönheit die Konjunktur anheizen und zu einem uneingeschränkten Lebensgenuß als Normalzustand auffordern! Rund um die Uhr mobil sein, die Zeit voll ausnutzen, high sein am Wochenende und fit bis zum Bersten! Wie ertragen wir das in einer Gesellschaft, die gleichzeitig zum Jammern aufgelegt ist, wenn man ihr die totale Lust beschränkt? Eine Gesellschaft, die sich so herrlich selbst bemitleiden kann?

Zunächst einmal werden diese Veränderungen und die in Frage gestellten Grundordnungen zu neuen Krankheiten führen. Es sind seelische und mitmenschliche Aufbrauchkrankheiten, die hier neu entstehen. Sie äußern sich in vegetativen Störungen, Schlafstörungen, Leistungszwängen, Störungen des seelischen Gleichgewichts mit gereiztem Aggressionsverhalten und depressiver Resignation, Leistungsstörungen und Entwicklungs- und Charakterstörungen.

Bei Menschen, die Produktivität, Wirtschaftlichkeit und Leistungskraft über alles stellen, haben Krankheit, Leid, Alter und Sterben keinen Platz. Alles was unproduktiv ist, wird ausgegrenzt. So sind die Begriffe Alter, Krankheit, Leid, Tod und Trauer zu Tabus geworden. Man leidet und stirbt nicht mehr zu Hause, sondern abseits, in eigenen Einrichtungen, im Altenheim oder Krankenhaus. Das Verhältnis zu den Leidenden und den Sterbenden ist so steril wie die Umgebung, in der immer mehr Menschen diese letzte Zeit verbringen müssen. Selbst die Blumen stellt man nachts vor die Tür. Die Toten schließlich traut man sich nicht mehr zu berühren, man legt sie schnell aus dem Haus in die Leichenhalle, dann ist man sie los. Die Überführungen Verstorbener geschehen nachts, die Beerdigungen finden in aller Stille statt. Die Rituale aus alter Zeit, die uns bei der Überwindung des Leids so hilfreich waren, haben wir alle längst verlassen: Wer kennt noch den Leichen-Bitter? Das ist ein Freund des Verstorbenen, der herumgeht und den Tod des Nachbarn mit „Leichenbittermiene" anzeigt und zur Leiche, das heißt zur Beerdigung bittet. Wie selten gibt es noch Abschiednehmen, Totenwache? Selbst die Trauerkleidung und das Trauerjahr sind verworfen. Auch die Beerdigungsfahrzeuge sind bereits graumetallic lackiert. Die Gesellschaft will weder gestört noch an ihre eigene Vergänglichkeit erinnert werden. Kinder werden ferngehalten von Verstorbenen. Wen wundert es, wenn der Tod etwas Unnatürliches wird? Wenn er verdrängt wird? Wie verkraften wir das alles, wenn wir uns von unseren guten Bräuchen trennen? Wenn wir alle Rituale über Bord kippen?

Verstehen Sie mich nicht falsch! Jeder ist geneigt, den Tod zu verdrängen, denn der Gedanke an ihn kommt nicht aus dem Leben. Wird an den Tod gedacht, so überschattet dieses Denken unser Leben und mindert Lebensfreude und Lebenswillen. Der Blick zum Grab untergräbt das Leben. Aber: Jede Unterdrückung rächt sich. Wer das Lebensende nicht bedenkt, lebt in einer Sinnleere, einem Abgrund und einem Stück Unverfügbarkeit.

Aus all diesen Beobachtungen sind wohl keine positiven Impulse zur Leidbewältigung zu erwarten. Wie aber werden wir leben mit einem Leid, das wir selbst nicht mehr lösen können – und bei dem wir auf die Mithilfe anderer angewiesen sind? Vielleicht sind diese „Anderen" Menschen, die wir bis dahin oft mißachtet haben, obwohl sie in unsere Biographie mit eingewoben sind. Wie werden wir lernen, uns nicht nur auf Leidvermeidung und Leidverminderung zu konzentrieren, sondern auch der Sinngebung Raum zu gewähren? Und schließlich haben wir die Frage zu bedenken: Ist eigentlich die Vermeidung von Leid jeden Preis wert? Ich meine damit, ob jede Versicherung und Absicherung gegen alle möglichen Übel auch getätigt werden müssen.

3. Wie reagieren Menschen auf Leid?

Als nächstes ist zu betrachten, wie unterschiedlich Menschen auf Leid reagieren. Der evangelische Krankenhauspastor *Hugo Zabel* (Medizinische Hochschule Hannover) hat nach fast 20jähriger Erfahrung in der Krankenhausseelsorge die Patienten, die durch ihre Erkrankung angerührt und erschüttert werden und danach ihrem Leben einen neuen Sinn geben konnten oder auch nicht, in fünf verschiedene Gruppen eingeteilt:

In der ersten Gruppe sammelte er die „Nüchternen". Auch sie hat die Krankheit getroffen, aber sie sinnen so wenig darüber nach, wie wir über den Verschleiß unserer Autos nachsinnen. Sie wollen nur repariert werden. „Hier bin ich, mach mich gesund", sagen sie. Nach dem Sinn und der Bedeutung der Krankheit fragen sie nicht. Allenfalls nach dem Zweck, aber das ist ja etwas anderes.

In der zweiten Gruppe finden sich die Patienten, die die Krankheit in das Koordinatensystem ihres Weltanschauungskonzeptes einarbeiten.

Die Krankheit wird dann Strafe oder Gottes Fügung. Banal und stimmig heißt es „dann muß ich mich eben fügen". Bei solch einem stark gefestigten Konzept braucht diese Gruppe ebenfalls keine Suche nach einem Sinn anzustreben, und sie tut es auch nicht.

In der dritten Gruppe finden wir Patienten mit einem Protest gegen die Krankheit, Auflehnung, Klagen, Anklagen sind hier zu hören. „Warum denn gerade ich?" Hier ist der Sinnverlust drohend deutlich. Neuen Sinn zu suchen, erscheint den Betroffenen nicht mehr lohnend.

Die vierte Patientengruppe zeichnet sich durch ihr angestrengtes Sinnsuchen aus, findet aber den Sinn der Krankheit nicht. Niemand und nichts wird geschont beim Suchen nach der Bedeutung der Krankheit. Aber nirgends zeigt sich etwas Erhellendes. Stille Ergebenheit ist die Folge. „Es nützt ja doch nichts" lautet der Stoßseufzer, und am Ende sind Verzweiflung, Resignation und Depression da.

In der fünften Gruppe schließlich finden sich Patienten, die den Sinn der Erkrankung erkennen und deren Lebensexistenz aufgewühlt wird. Hier ist die Scholle umgebrochen, hier ändert sich das Leben und die Erlebensvielfalt. Diese Kranken haben uns Gesunden wirklich etwas voraus, was ihnen durch die Krankheit zugewachsen ist. Sie können der Tatsache nicht mehr ausweichen, daß sie mitten im Leben kurz ihrem Ende begegnet sind und gespürt haben, daß das Leben durch den Tod begrenzt ist. Und obwohl wir „alle mitten im Leben vom Tod umfangen" sind und „den Tod in uns tragen", verdrängen wir diese für uns und unsere Lebensgestaltung so wichtige Tatsache ständig und auch mächtig.

Die Einteilung in diese Gruppen ist nicht starr zu sehen. Insbesondere sind Patienten denkbar, die von einer Gruppe in die andere wechseln, vielleicht in der letzten Gruppe ankommen. Wer *Elisabeth Kübler-Ross* gelesen oder gehört hat, der kennt das. Für uns als Helfer ist diese Einteilung wichtig, denn wir begegnen dem Kranken in einer dieser Stufen, müssen ihn darin erkennen und ihm helfen.

Ich möchte, daß Sie noch einmal über die einzelnen Gruppen nachdenken:

Die Nüchternen der ersten Gruppe gehen wohl ohne eine tiefere Erfahrung und ohne eine positive Wende in ihrem Leben aus dem Leid heraus. Sie halten Leiden auch für sinn-los. Sie vertrauen dem Arzt und geben ihren Körper und die Verantwortung für ihren Organismus beim Arzt ab, wie man einen Anzug in der chemischen Reinigung abgibt. Krankheit gehört für diese Menschen zur Natur, die weder gut noch böse ist. Sie besteht aus dem Notwendigen, aus dem, was man nicht ändern kann. Daher ist es sinnlos, nach dem Sinn zu fragen. Also betrachtet man alles nüchtern und sachlich und geht nach überstandenem Leid zum nächsten Punkt der Tagesordnung über. Die Störung ist ja scheinbar vorüber, und so lebt man weiter wie gewohnt. Früher oder später taucht aber die Krankheit in neuer Form wieder auf. Man geht wieder zum Arzt. Der bietet wieder einen Namen für die Krankheit an, möglicherweise einen neuen, und verordnet wieder ein passendes Medikament. Und so weiter. Der Patient erwirbt sozusagen eine Zehnerkarte bei seinem Doktor und verharrt bis zu seinem bitteren Ende in seinen alten Lebensgewohnheiten.

Es ist hier sogar zu vermuten, daß die Fähigkeit des Menschen, Leid zu akzeptieren, damit zu leben und es zu ertragen, gelähmt werden. Mittel dazu ist die Medizin mit ihren ständig wachsenden Möglichkeiten, Krankheiten zu unterdrücken, Symptome zu kaschieren und Schmerzen zu lindern. Die Folge des Vertrauens in diese hochtechnisierte Medizin und die Rückgabe der Verantwortung für die eigene Gesundheit an den Therapeuten bewirkt so einen qualvollen Schwebezustand zwischen Leben und Tod, als Schwerkranker, über Jahre, ohne Kraft, sich daraus zu befreien.

Sie kennen sicherlich Eugen Roth:

Was bringt den Doktor um sein Brot?
a) die Gesundheit, b) der Tod.
Drum hält er uns, auf daß er lebe
so zwischen beidem in der Schwebe.

Die zweite Gruppe macht es sich bedeutend schwerer. Die Patienten, die Leid und Krankheit in ihr Weltbild einarbeiten und als Strafe oder Fügung Gottes betrachten, suchen alle Ursachen für ihr Leid in den Strukturen, die man nicht selbst beeinflussen kann, außerhalb der eigenen Verantwortung.

Sie sind diejenigen, die sich mit dem schon zitierten Problem der Theodizee auseinandersetzen. Sie grübeln mit der vierten Patientengruppe, die intensiv nach der Bedeutung ihrer Krankheit forscht und nichts Erhellendes findet, über die unerklärlichen Lücken in Gottes Allmacht nach. Warum muß ich leiden? Gerade ich? Gerade so? Warum werden unschuldige Kinder gequält? Warum läßt Gott das alles zu?

Es ist eine Grundfrage in fast allen Religionen der Welt. Berühmte Philosophen wie Leibnitz,

Schelling, Hegel und Kant haben intensiv darüber gearbeitet. Es ist der Versuch einer Rechtfertigung Gottes angesichts des von ihm trotz seiner Allmacht und Güte zugelassenen physischen Übels, moralischen Bösen und körperlichen Leidens. Eine Antwort darauf zu finden ist nicht einfach. Ich muß zugeben, daß ich auf die Frage nach dem Sinn des Leidens der an Krebs sterbenden Kinder keine allgemein gültige Antwort gefunden habe. Es gehört zu den stärksten Belastungen meines Berufsweges, solche Kinder zu begleiten. Und ich war meist weit davon entfernt, irgendeine Form von Sinn in diesem Leiden zu sehen.

Ein denkbarer Weg wäre der: zu sagen, daß Gott seine Hilfe nicht wegen einer Schwäche seiner Allmacht unterläßt, sondern wegen einer Sinnlosigkeit, die für uns oft nicht erkennbar ist. Es ist sinnlos, einen quadratischen Kreis zu machen, auch wenn es möglich ist. Wunder gibt es, aber Wunder wider allen Sinn und Verstand zu fordern und zu erwarten, ist falsch. Die Heilungswunder Jesu haben das Wunschbild menschlicher Bedürfnisse zu einem Prüfmaßstab für die göttliche Allmacht gemacht. Das sind Mißverhältnisse. Eugen Drewermann könnte uns viel mehr darüber sagen. In allen Religionen gilt nicht die Sinn-Frage, sondern die

Seins-Frage. Und so heißt es schon in einem Brief des Apostels Paulus an die Römer: „Was bist Du denn Mensch, daß Du mit Deinem Schöpfer rechten willst! Spricht so ein Werkstück zu seinem Meister: ‚Meister, warum hast Du mich so gemacht?‘“

Eine andere mögliche Antwort auf die Theodizee-Frage ist der Verweis auf die Freiheit. Wenn Gott uns Geschöpfen die Freiheit gibt, auf dieser Erde zu handeln, so muß er uns auch die Möglichkeit geben, Leid zu schaffen. Leid ist der Preis für die Freiheit. Leid, das wir Menschen uns selbst zufügen, ich mir selbst, ich dem anderen, der andere mir, dieses Leid entspricht der Freiheit, die ich auf dieser Erde habe. Würde Gott dem Menschen das Leid wegnehmen, hieße es, daß er dem Menschen auch die Freiheit des Handelns nähme und damit auch die Möglichkeit zur wirklichen Liebe, sagt der Freiburger Dogmatiker *Gisbert Greshake,* der das Leid als Preis der Liebe sieht – so der Titel seines bemerkenswerten Buches, das man mit Gewinn liest.

Diese beiden Gedanken von der Sinnlosigkeit und der Freiheit lassen es nicht mehr zu, daß wir Gott um eine Rechtfertigung bitten für den Zustand dieser ungeratenen Welt – so, als habe er sich vor uns zu verantworten, ja zu rechtfertigen, als sei der Mensch das Opfer des Leidens und nicht die Ursache.

Neben dem selbstbestimmten Leid, das der Mensch verursacht, gibt es das Leid, das wegen der leid-vollen Strukturen der Welt entsteht. Es ist nach theologischer Tradition und Definition Strafe für die Sünde. Im Paradies gab es weder Sünde noch Leid. Erst die Vertreibung aus dem Paradies erbrachte uns diese Plagen. Der Preis dafür war ein Apfel. Viele tun sich heute schwer mit dieser Kollektivschuld. Und sie fragen sich oft genug und mit Recht nach dem inneren Sinn einer Welt, deren Struktur Leid erzeugt: Erdbeben, Flutkatastrophen, Kälte, Hitze, Hunger, Schmerz, Seuchen, Massentod, Mühsal und Plage. Eine Erklärung dieser Leiden kann es nicht geben, auch für den Christen nicht. Der höhere Sinnzusammenhang ist nicht erkennbar, insbesondere nicht vorausschauend. Das weitere Forschen nach diesem Sinnzusammenhang ist – auch nach *Immanuel Kant* – anmaßend für den Menschen. Leiden kann nicht verstanden werden. So will ich das Nachdenken über die Theodizee abschließen mit einem Wort von *C. S. Lewis:* „Es ist ein fatales und nutzloses Unterfangen – wenn auch oft geübt –, vom Lauf der Welt oder von der Qualität des Lebens auf die Güte und Weisheit des Schöpfers zu schließen, wenn auch zahlreiche Theodizeen das Elend des Lebens so zu erklären versuchen."

So werden also auch diese beiden Gruppen, die mit dem banalen „ich füge mich" und die mit dem anstrengenden Suchen nach den Fehlern anderer, dem ernüchternden „es nützt ja doch nichts", ohne Gewinn und ohne Sinn aus ihrem Leiden herausgehen. Es sei denn, schon das Hindenken zu einem Sinn sei der Sinn der Krankheit. Uns, den Helfern, bleibt aber gerade hier die mühevolle Arbeit einer Begleitung und weiteren Sinnfindung.

Doch bevor wir darüber sprechen, wollen wir noch die anderen Gruppen ansehen. In der dritten Gruppe finden wir Patienten mit einem Protest gegen die Krankheit, mit Auflehnung, Klagen und Anklagen. „Warum denn gerade ich?" Hier gilt es, daß wir, die Helfenden, nicht resignieren und daß wir den Leidenden klarmachen, daß im Leiden ein Sinn liegt. Hier kann der erste Schritt zur Heilung aus eigenem Antrieb getan werden. Zum Beispiel besteht die großartige Möglichkeit, ungesunde lebensfeindliche Verhaltensweisen aufzugeben. Hier kann der Organismus die Ruhe und die Wegweisung bekommen, die er braucht, um sich selber zu helfen.

Wollen wir diesen und allen anderen Leidenden beim Überwinden und Ertragen des Leides helfen, so müssen wir ihnen zunächst einmal klarmachen, daß nichts törichter ist, als im Leid zu wühlen. Selbstmitleid trübt den Blick für die Wirklichkeit. Es gilt zu prüfen, was wir ändern können und was wir hinnehmen müssen. Und bei Verlusten heißt es: Was bleibt uns zu erhalten und was ist loszulassen. Statt des häufig gehörten „was kann mir das Leben noch bieten" heißt es dann „was kann *ich* dem Leben noch bieten". Diese Einstellung nennt man heute allgemein „think positive". Aber schon *Mark Aurel*, der römische Kaiser, hat in seinem Tagebuch geschrieben: „Man soll nicht sagen: ich Unglücklicher, daß mir das zustoßen mußte, sondern: Ich Glücklicher, daß ich unbekümmert zu bleiben vermag, obwohl mir das zustößt."

Der letzten Gruppe, den Aufgewühlten, gilt mein ganzer Vortrag. Sie haben den Ruf gehört, für sie beginnt heute ein neues Leben. Sie sind es, die uns Therapeuten unsere Arbeit so wertvoll machen. In ihre Augen schaue ich gerne, daraus nehme ich meine Kraft. Sie machen meinen Beruf, den des Arztes – und hier im besonderen den des Hausarztes –, zu einem der schönsten der Welt.

4. Gibt es Hilfe gegen das Leid?

Doch nun kommt die letzte und schwerste Frage: Gibt es denn wirklich eine Hilfe gegen Leid?

a) Die ärztliche Hilfe

Gegen größere körperliche Leiden gibt es keinen Trost, sondern nur ärztliche Hilfe. Vielleicht hatten Sie Gelegenheit, darüber einmal *Elisabeth Kübler-Ross* zu hören – und wer einmal zu ihren Füßen gesessen hat, wird das wohl nie vergessen können. Sie hat uns Ärzte flammend aufgerufen, Hilfe gegen alle Art von Schmerzen zu leisten, und sie hat Wege dazu gezeigt. So werden wir alles daran setzen, Leiden zu beseitigen und bedienen uns dabei der zum Teil großartigen Neuerungen in der echten, alten Schulmedizin.

Dieser gelingt heute zugegebenermaßen die Körperreparatur immer besser. Es ist eine Arbeit, die von immer zahlreicheren Fachgebietsspezialisten gemacht wird. Es fällt allerdings diesen Gruppen immer schwerer, das längst verlorengegangene Vertrauen der Patienten in ihre Kunst wiederzugewinnen. Nichts spricht im Moment dafür, daß sie sich auch mit Ernst darum bemühen.

Da diese Schulmedizin offener, ehrlicher geworden ist, aber eben auch naturwissenschaftlicher, hat sie Seele und Geist abgegeben, z. B. an Seelsorger, Psychotherapeuten, Philosophen und selbsternannte Therapeuten oder Seminarleiter, die in zahlreichen Gruppen mit mehr oder weniger Erfolg in den Altlasten des bisherigen Lebens herumstochern. Man trennt hier die Hardware, die körperlichen Krankheiten, von der Software, den seelischen Beschwerden. Mein Kollege *Dr. Rüdiger Dahlke* warnte vor solchen unseriösen Gruppen im Seelen-Geschäft, die wie in einer Art „paramedizinischer Kleinindustrie" in einschlägigen Blättern und Gazetten inserieren und sich auf immer neuen Esoterik-Messen gewinnbringend darstellen.

Einen vernünftigen Therapeuten zu finden, gehört zu den schwierigsten Aufgaben in der Begleitung eines Leidenden. Manchmal wünscht man sich so eine Art Liste, wo statt Kochmützchen und Kronen wie in Restaurantführern Aesculapschlangen (in Gold und Silber) oder ähnliches verteilt werden. Es gibt bei der Suche nach einem Therapeuten aber doch einiges zu beachten. Als kleines Hilfsmittel gilt: je auffälliger der Titel, desto größer die Vorsicht. Ich denke da z. B. an „Mentaltrainer" oder ähnliches. Leider wird dabei gerade das Wort „ganzheitlich" über

44

alle Gebühr strapaziert. Je höher die Werbeaussage und das Heilungsversprechen, je mehr Erkenntnisstufen Sie erklimmen oder erkaufen müssen, desto größer bitte auch die Vorsicht, mit der Sie sich dem unterordnen. Je eher der Therapeut von seinen Grenzen spricht, desto wertvoller kann er sein, weil er ehrlicher zu sein scheint.

Aber auch immer mehr Ärzte sind unzufrieden mit dem an der Universität Gelernten. Sie fühlen sich im Reparaturbetrieb unwohl und wenden sich alternativen Heilmethoden zu, wie der Homöopathie, der Fasten- oder Kneipp-Therapie, der Phytotherapie oder Reflexzonenbehandlung, der Akupunktur oder der lebensbegleitenden Gesprächstherapie. Zuwenden allein reicht natürlich nicht, man muß es auch erlernt haben. Uns fehlt es ja nicht an Methoden! Es ist mir ganz wichtig, daß Sie das mitnehmen: Es fehlt nicht an neuen Methoden, wenn wir über mangelhafte Versorgung klagen, sondern an liebevollen Therapeuten. Es fehlt der Patientenarzt aus Liebe, wie ihn Herr Kollege *Hackethal* getauft hat.

Leider haben einige alternative Therapeuten eine Flucht ins Okkulte und Nebulöse angetreten. Dazu kommt noch eine unheilsame Verteufelung auch der vernünftigen Medizin. Nicht jede Tablette Cortison, die von Ärzten verabreicht wird, ist ein Mordversuch. Wer Anatomie, Physiologie und Pathologie richtig gelernt hat, wer als Mitmensch nicht ins Egozentrische abgedrängt ist, wer leidende Mitmenschen als Schwester oder Bruder erkennen kann, der wird vernünftige Wege in seinem Heilberuf finden. Voraussetzung ist die Liebe zum Heilberuf, die den Helfer wertvoll macht, ob er nun Ganzheitsmediziner oder Halbheitsmediziner, Psychosomatiker oder Somatopsychologe genannt wird. Hier geht es nicht um Titel und Begriffe, hier geht es um die Basis des Heilens. Sehe ich die Seele des kranken Menschen und kenne seine Biographie, dann bin ich fern von allen Medizin-Mechanikern und brauche an meiner Praxistür nicht das Schild „Vorsicht Arzt", das *Prof. Hackethal* uns verkaufen wollte.

b) Die Hilfe bei der Begleitung des Leidenden

Um dem Kranken zu helfen, sein Leiden zu bewältigen und in allem einen Sinn zu suchen, wird es allerdings nötig werden, daß wir Therapeuten den Muskel entspannen, der die Faust schließt, mit der wir alles im Griff haben. Nur so werden wir, unsere eigene Schwachheit zeigend, in die Ebene des schwachen Kranken hinuntersteigen können, um mit ihm Kontakt aufzunehmen und das zu entwickeln, was *Rogers* die Empathie genannt hat. Nur so werden wir auch, ohne daß wir selbst leiden und durch Leid gehen, wohl aber mit-leiden, uns unserer eigenen Ohnmacht bewußt werden und unsere eigene verletzliche Schwäche erkennen, die auch für die Kranken spürbar sein muß.

Die Rolle des Helfers als ein „Zeuge vom Leid" muß auch im Helfer selbst persönliche Betroffenheit auslösen und vielleicht auch ein bißchen Angst vor der eigenen Ohnmacht und Schwäche. Aber ist diese Schwäche nicht auch Stärke? Der Apostel Paulus fleht Gott an, ihn von seiner Krankheit zu befreien. Die Krankheit nannte er „den Pfahl im Fleisch". Wir kennen sie heute als „the syndrome of the blindness of St. Paul". Es war eine zu Blindheit führende Augenkrankheit. Gott verweigerte Paulus die Heilung, sozusagen die „Brille". Gott verweigerte sie mit der Begründung, die Stärke des Paulus liege gerade in dieser seiner Schwäche.

Der Sinn des Leidens! Unser Thema! Hier geht es Betroffenen und Helfern gleich. Die Leidenden und die Mitleidenden lernen in ihrer Schwäche, den Lebensweg besser zu gehen.

Und an dieser Stelle müssen wir mit einem Nachsatz fragen, ob denn immer die Beseitigung der Hürden und Hindernisse und Leiden hilfreich ist, ob wir alle immer unsere „Brille" verordnet bekommen müssen. Was wird aus unserer Gesellschaft, wenn wir uns stetig und amtlich bemühen, bestimmte Formen von Leid schmerzarm zu entsorgen, um keine Narben entstehen zu lassen?

Erst wenn wir also unsere eigene Verwundbarkeit und Angst gezeigt haben, wird uns partnerschaftlich mit dem Kranken ein begleitender Weg gelingen, der zugleich eine Hilfe bei der Sinnfindung und der Krankheitsüberwindung sein kann.

Es muß dabei nicht zu einer verpflichtenden Verbindung von Therapeut und Patienten kommen, wie sie neuerdings als sogenanntes „Helfersyndrom" beschrieben wird, aber auch nicht zu dem, was *Schmidtbauer* die „hilflosen Helfer" genannt hat. Man sollte aber wissen, daß Ärzte im Verdrängen der Angst große Meister sind. Noch immer sagen wir Ärzte, „uns" ist ein Patient gestorben und empfinden das als ein persönliches Versagen, als Zeichen einer fachlichen Schwäche. Wir spüren bei jedem Todesfall ein ungutes Gefühl des Verlorenhabens. So entsteht das seltsame Phänomen, daß Ärzte Angst vor Krankheiten haben, vor ihrem eigenen Tod und auch vor dem Tod ihrer Patienten. Und das, obwohl der Tod als Gefährte und Bedroher den Ärzten viel vertrauter sein müßte als den nicht-ärztlichen Mitmenschen. Aber Sterben und Tod sind nun einmal die Negation der professionellen Ziele der Medizin, nämlich Heilung und Lebenserhalt.

Vielleicht liegt hier der Schlüssel zu einem oft angeprangerten Tun der Ärzteschaft, zur Polypragmasie. Darunter versteht man die Anwendung zahlreicher Medikamente und Maßnahmen im Einzelfall, das sinnlos erscheinende Zuviel an Therapie. Meiner Meinung nach ist nicht die Krankheit sinnlos, sondern diese Polypragmasie. Immer häufiger beobachten wir Ärzte, die „alles tun", damit sie auch „alles getan" haben, um sich gegen gerichtliche und außergerichtliche Angriffe zu feien und ihr persönliches Gewissen zu beruhigen, vielleicht sogar auszuschalten. So wird dann bei jedem Kopfschmerz ein Computer-Tomogramm angefertigt und ähnlich Überzogenes!

c) Die Suche nach dem Sinn im Leiden

Doch wenden wir uns wieder dem Patienten zu. Aus welchen Kräften heraus soll ihm denn nun plötzlich ein neuer Lebenssinn wachsen? Geht das von selbst, nur mit einem bißchen Düngen und Gießen durch die Therapeuten? Zunächst einmal ist zu bemerken, daß das Ertragen von Leid Eigenschaften erfordert, deren Erwerb Arbeit kostet, Arbeit an seiner eigenen Person, die in seinem Wesen und in seinen Handlungen sichtbar werden muß. Die Eigenschaften, von denen ich hier spreche, sind heute unmodern. Die Vokabeln sind vielen in der jüngeren Generation schon nicht mehr geläufig. Wer von den Kindern weiß heute noch, was Redlichkeit ist oder Barmherzigkeit? Ich denke an die klassischen Kardinaltugenden Geduld, Tapferkeit, Gerechtigkeit, Besonnenheit, Weisheit. Oder an die theologischen Tugenden Glaube, Liebe, Hoffnung und jene so wichtige und unbekannte Tugend der Barmherzigkeit. Diese Tugenden müssen erlernt werden. Alles Lernen aber ist Üben. Ob wir Radfahren, Schwimmen oder Schachspielen lernen, wir müssen üben, bevor wir's können. So bedarf das Sorgenbekämpfen einer Übung, wie auch das Erwerben von Weltzuversicht.

Verbündeter beim Lernen und Üben ist in allem die Zeit. Nehmen wir sie uns, die Zeit. Lassen wir uns nicht unter den Imperativ der raschen Heilung setzen. Glauben wir nicht, daß heute noch alles gelöst werden muß. Freuen wir uns doch über die kleinen Schritte. Die Zeit ist das kostbarste und unwiederbringlichste Gut, über das wir verfügen. Beunruhigt müssen wir nur sein über verlorene Zeit. „Verloren wäre die Zeit", so sagt *Dietrich Bonhoeffer,* „in der wir nicht als Menschen gelebt, Erfahrungen gemacht, gelernt, geschaffen, genossen und gelitten hätten." Auch die durchlittene Zeit ist nicht verloren!

Welche Kräfte sind es denn, die beim Befall einer Krankheit seelisch im Menschen wirken, die neuen Lebenssinn im Leidenden entstehen lassen? Wir können es deutlich sehen, wenn wir einen Schwerkranken während seiner Behandlung beobachten. Wird einem solchen Kranken, etwa bei der Feststellung einer bösartigen Erkrankung, diese schwerwiegende Diagnose eröffnet, so erleidet er zunächst einen „Diagnose-Schock". Offenbar wird dadurch ein tieferes Bewußtsein eröffnet. Der Patient stürzt aus der normalen Lebenswirklichkeit in eine existentielle Krise und erlebt dabei die Dimension der wohl größten Polarität, die wir Menschen erleben können: die Polarität von Leben und Tod. Zunächst einmal gerät er in eine Starre, die dieser Diagnose-Schock in ihm ausgelöst hat. Sie ist eine Notfallreaktion des Körpers, ein Stück Krisenmanagement. Wie durch eine Glaswand sieht er die Gesunden – von sich, dem

Kranken, getrennt – und erlebt sich selbst als Gezeichneten oder auch als Gestraften, als Ausgegrenzten und Benachteiligten.

Ob die Suche nach einem Sinn der Krankheit dem Betroffenen schon jetzt, in diesem Stadium seiner Erschütterung helfen kann, vermag ich nicht zu sagen. Da das Leid aber nur dann einen Sinn hat, wenn wir ihm einen Sinn geben, wird uns auch klar sein, daß wir bei dem Erkrankten auch schon in dieser frühen Phase als Helfer gefordert sind. Als Ärzte oder Krankenschwestern, als Gesundheitsberater oder Familienmitglied, als Freund oder Seelsorger sollten wir ihm behutsam klarmachen, daß ihm die Krankheit jetzt in seiner Lebensbiographie einen neuen Weg weist.

Von den Tugenden der Helfer und von den zu erlernenden Tugenden der Kranken war bereits die Rede. Das Überwinden der Krankheit und die Gesundung mit Gewinn eines neuen Lebenssinns sind nun nicht allein von diesen Dingen abhängig. Auch nicht vom Einsatz von Medikamenten und technischen Verfahren. Die eingangs zitierte Studie über die Oesophagus-Kranken zeigte das ganz klar. Etwas haben wir aber noch nicht erwähnt, was vielleicht auch neu ist im Denken: die kundige Mitarbeit des Patienten.

Die traditionelle Medizin ist körperorientiert

und auf Details spezialisiert. Indem sie die Krankheiten zu objektivieren versucht, löst sie sich vom Kranken, vom Menschen. Dessen Mithilfe beim Heilen ist dabei nicht gefragt. Und doch brauchen wir sie dringend. Ich verstehe darunter die vernünftige Mitentscheidung des behutsam aufgeklärten Patienten in den therapeutischen Schritten. Dahinein gehört das ganze Problem der Diagnose-Aufklärung („Sagen wir es der Mutter, daß sie Krebs hat oder nicht?"), für das es auch kein Patentrezept gibt.

Aber eins ist sicher: Ein über das normale Maß hinausgehender Zuwachs an Lebenszufriedenheit wird uns mit der Krankheitsüberwindung nur dann gelingen, wenn wir den Patienten so führen, daß wir ihm therapeutische Schritte in vernünftigem Rahmen erklären und seine eigene verantwortungsvolle Mitentscheidung mit einbauen in das Heilungskonzept. Dort, wo wir früher Krankheitssanierung lediglich quantitativ als Schadensminimierung betrieben haben, wird dann als neues Therapieziel die Steigerung der Lebensqualität ganz in den Vordergrund gerückt. Etwas plakativ ausgedrückt müßte man sagen: früher haben wir den Krebs behandelt, heute behandeln wir den Krebs in dem Patienten. Und als Therapie setzen wir nicht mehr nur Stahl und Strahl ein, sondern den Menschen. In

Nigeria gibt es ein Sprichwort, das heißt: Der Mensch ist die Therapie des Menschen!

5. Aus der Praxis

Sicherlich erwarten Sie jetzt von mir aktuelle praktische Tips aus der Praxis für die Praxis. Wie macht es der Profi: erstens, zweitens, drittens. Ich habe mich lange bemüht um solch eine Liste, es geht nicht: Auch wenn man hundert Ratschläge zusammenstellen würde, wäre alles nur symbolhaft und gälte für den einzelnen nicht. Ich habe einige in meinen Ausführungen erwähnt, Sie haben sie gelesen. Aber dennoch will ich nicht nur theoretische Hinweise geben, sondern noch etwas Praktisches aus dem Alltag erzählen. Beispiele, wie Leid entstand und überwunden wurde, könnte ich Ihnen vielfach erzählen. Nichts Großartiges, nichts Mustergültiges, nichts Spektakuläres, sondern Alltägliches.

Einige kleine Beispiele aus vielen habe ich ausgewählt und ihnen jeweils eine Überschrift gegeben:

Die richtigen Mittel einsetzen

In Hermann Hesses „Glasperlenspiel" sagt Designori zu Josef Kern: „Wir gehen jetzt schlafen. Jetzt aber sollst du in den Schlaf noch ein Ohr voll Musik mitnehmen. Der Blick in den Sternenhimmel und ein Ohr voll Musik vor dem Zubettgehen, das ist besser als all deine Schlafmittel."

Eine 82jährige Patientin meiner Praxis klagt über ausgeprägte Schlaflosigkeit. Auch die Schlafpillen, die ihrer Tochter so gut helfen, wirken bei ihr überhaupt nicht, sagt sie. Die exakte Anamnese bringt es an den Tag: es ist eine falsche Schlaferwartung. Nach einem nicht ausgefüllten Tag, nach einem unruhigen Fernsehnachmittag und -abend soll auf Knopfdruck die Welt zehn Stunden stehen bleiben. Von zehn Uhr abends bis acht Uhr früh. Nach dem Lichtausknipsen Sendepause und Narkose. So geht es nicht. Die Enkelin schaffte Rat. Eine beneidenswert schicke Leselampe mit stufenlosem Dimmer wurde besorgt, ein stützendes Kissen, Bücher im Großdruck und Hörkassetten mit alter Klassik aus der Blindenbücherei. Fontane: Effi Briest, gelesen von Gert Westphal! Ein Riesen-Programm gibt's da.

Ein Auge und ein Ohr voll guter Gedanken, besser als all die Schlafmedizin.

Das schlimmste Leid ist die Verlassenheit. Dem Depressiven ist sie das Bedrückendste, sein Schicksal, tief, ernst, ausweglos. Damit Jesus vom Satan verführt werden konnte, mußte er erst in diese Verlassenheit, 40 Tage allein in die Wüste und dort weichgeklopft werden für die satanischen Verführungskünste. Verlassenheit durchbrechen, annehmen!

78 Jahre alt war der Mann, als seine Frau starb. 55 Jahre waren sie verheiratet gewesen, und nun schien alles aus. Zu nichts war er zu bringen. Apathisch saß er in seiner Ecke. Wieder war es ein Enkel, der die Rettung brachte: Er hatte einen alten Brief gefunden, geschrieben in dieser alten deutschen Schrift, in Sütterlin. Und diesen Brief konnte der Enkel nicht lesen. Der Großvater half zunächst abwehrend. Dann merkte er, daß er der einzige war, der helfen konnte. Er übersetzte, fing an, die Buchstaben nachzumalen, Freude kam auf, er wurde gebraucht. Zum Geburtstag des Enkels schrieb der alte Herr die Frontseite der BILD-Zeitung in Sütterlin ab! Man hätte ihm einen erbaulicheren Text gewünscht. Aber der Anfang war gemacht. Und durch meine Vermittlung stand wenig später der alte Herr in Schlips und Kragen in der

neunten Klasse der Hauptschule und zeigte im Unterricht den Schülern diese längst vergessene Sütterlin-Schrift.

Ein Weg aus dem Dunkel. Angenommen sein.

Geteiltes Leid ist halbes Leid

Eine fast 80jährige Frau erlitt einen Schlaganfall mit Lähmungen und kam ins Krankenhaus. Als ich nach einer Woche den Stationsarzt anrief und nach dem Befinden meiner Patientin fragte, hörte ich nichts Gutes. Ich besuchte die alte Dame und fand sie vom nahen Tod gezeichnet. Sie bat mich mit aller Kraft, die sie noch hatte, nach Hause zurückkehren zu dürfen, um unter ihrem eigenen Dach zu sterben. Es war keine Zeit mehr, eine mustergültige Hospiz-Pflege zu organisieren. Noch am gleichen Abend holten wir sie nach Hause. Ein Pflegebett war schnell bereit, Hauskrankenpflege bestellt. Neun Tage hat sie noch gelebt. Erstmals kamen die seit Jahren auseinandergelebten Geschwister wieder am Sterbebett zusammen und gaben sich dort die Hand. Ich beauftragte jeden von ihnen mit Sitz-wachen bei der Mutter. Schmerzfrei mit Dauer-tropfinfusion lag die Patientin und konnte jetzt das Leben loslassen. Bei meiner letzten Visite sagte sie: „Ich bin so glücklich."

Im übrigen: Als dann in der Danksagungsanzeige in der Zeitung nach vier Wochen auch mir, dem Hausarzt, mit Namensnennung gedankt wurde, habe ich sofort Selbstanzeige bei der Ärztekammer erstattet: daß ich diese Anzeige nicht veranlaßt habe und auch nicht habe verhindern können. Solch ein Dank an einen Arzt in einer Anzeige ist wider die Stammesgesetze von uns Ärzten. Sie wird von den ärztlichen Kollegen als nicht erlaubte Werbung angesehen und angezeigt.

Den Furchtsamen die Gespenster nehmen

Nur das, was noch keine Form angenommen hat, drückt und ängstigt. Die Dunkelheit macht aus jedem Handtuch ein Gespenst. „Unglück, so nimm doch endlich Gestalt an!" sagt *Grillparzer*. Eine Patientin, Mitte 60, bestellt einen Hausbesuch und will auch auf mehrfaches Fragen nicht sagen, was ihr fehlt. Ich treffe sie aufgeräumt und munter. Tee steht auf dem Tisch, Blumen und eine Kerze, und ich muß mich setzen. „Heute sind es genau fünf Jahre her, da war ich mit meinem schmerzhaften Knie bei Ihnen in der Sprechstunde. Sie haben das Knie angesehen, eine finstere Miene gemacht und mich zum Röntgen geschickt. Der

Röntgenarzt bekam das Bild von seiner Assistentin gereicht, knallte es an seinen Betrachtungskasten und sagte nur ‚tse, tse, tse'. Da wußte ich es, es war Krebs! Ich bin in die Stadt gefahren und habe in der Universitätsbuchhandlung mir ein teures Buch über Knochenkrebs gekauft und da steht: ‚Wenn man fünf Jahre nach der Diagnose noch lebt, hat sich der Krebs nicht bestätigt!' Heute ist das fünf Jahre her, auf den Tag genau. Da hatte sich wohl der Arzt geirrt. Jetzt ist die Qual vorbei."

Fünf Jahre Leiden für ein dreimaliges „tse, tse, tse"! Unglaublich, was wir Ärzte und Therapeuten da alles anrichten können. „Unglück, so nimm doch endlich Gestalt an!"

Doch nun noch ein letztes Beispiel aus meiner Praxis, ehe wir meine Sprechstunde wieder verlassen. Ein Beispiel, wie es alle kennen, die *Dr. Brukers* Bücher gelesen haben. Mit einem speziellen Gruß an Herrn *Dr. Bruker* und mit dem Hinweis, was wir mit geringsten Mitteln alles tun können, wenn wir bei ihm gelernt haben.

Unsere Nahrung ist auch unser Schicksal

In meine Behandlung kam vor einigen Jahren ein junger, 25jähriger Musikstudent aus Polen, der noch zur Zeit der scharfen Grenze dem dortigen

System entronnen war. Es war ein überaus sympathischer, freundlicher Mann. Ein Vierteljahr später saß er mit seiner bildhübschen Verlobten vor mir. Schon beim ersten Kontakt beim Hereingehen spürte ich bei der Dame alle Symptome einer akuten Erregtheit, die sich dann bis zu einer psychotischen Entgleisung steigerte. Ursache all ihren Leidens war eine seit zehn Jahren bestehende Stuhlgangsträgheit, eine chronische Obstipation. Alle Woche bis zehn Tage einmal nahm sie eine Handvoll der stärksten Abführdrogen und durchlitt dann einen grauenvollen Tag in der Nähe ihrer Toilette. Jetzt waren die Medikamente, die sie aus der Heimat mitgebracht hatte, zu Ende und sie stellte erschreckt fest, daß diese Medikamente in Deutschland verschreibungspflichtig waren. Sie flehte mich auf Knien an, ihr so rasch wie möglich ein Rezept auszustellen.

Ich habe dem jungen und noch mittellosen Paar den Weg zu unserem Vollwertbäcker zeigen lassen, habe dort angerufen und gesagt, das junge Paar könne dort auf meine Kosten zwei Wochen lang soviel schönes Sauerteig-Roggenschrotbrot kaufen, wie es wollte. Die Patientin habe ich verpflichtet, jeden Tag drei Scheiben dieses Brotes zu essen. Das Ergebnis dieser Beratung kennen die *Bruker*-Schüler: dieses Leiden ist komplett geheilt – wie ich weiß, auch auf Dauer. Meine Brotrechnung deckte sich etwa mit den Kosten, die mir die AOK für die Ernährungsberatung wiedererstattete. Die Freude über die gelungene Behandlung aber verfolgt mich bis zum heutigen Tag.

Ich möchte an dieser Stelle noch das Tagesprotokoll empfehlen. So, wie *Hermann Hesse* es sagte: „Jeden Abend sollst Du Deinen Tag prüfen, ob er Gott gefallen hat." Das ist eine gute Voraussetzung für das „carpe diem", für das Genießen jedes Tages, das Hinwenden auf das Tägliche, das zu bewältigen ist. Und für das Abwenden von dem künftigen Leiden, das man herannahen sieht. Wenn sich die Wolkenwand der Zukunft ständig verdunkelt, wird die Gegenwart unerträglich. Also das tägliche Protokoll, schon um den Tag zu würdigen und abzuschließen. Auch im Sinne *Hufelands*, der gesagt hat: „Die Menschen müssen lernen, mit den Kleidern auch die Sorgen abzulegen und sich auf die Glückseligkeit zu freuen, am nächsten Morgen neu geboren zu werden." Also: Altlasten entsorgen! Noch einmal mache ich in diesem Zusammenhang auf das Wort „Altlasten" aufmerksam, ein ausnahmsweise schönes Wort aus der neuen deutschen Sprache, die ich sonst ja nicht so schätze.

Und obwohl mir auch gute Beispiele zum Tagesprotokoll aus meiner Praxis in Mengen einfallen, wo es positiv gewirkt hat, will ich dieses Thema hier nicht ausweiten. Sondern ich will sogar ein wenig davor warnen: Sie ist nicht ohne Gefahr, diese Tagesbilanz!

In depressiven Patienten mag das Protokoll den letzten Funken Lebensbejahung ersticken.

Den zwanghaften Patienten kann die Prüfung einen neuen neurotischen Weg eröffnen, der nur die eigene Unvollkommenheit und Ohnmacht beweist.

Den Grüblern ist das Protokoll möglicherweise der Einstieg in eine endlose Selbstzerfleischung.

Den Fanatikern unter den Religiösen mag es dazu dienlich sein, sich die eigene Schlechtigkeit zu beweisen, die Abhängigkeit zu vergrößern, den Stolz zu brechen und führt zu einer Art von christlichem Masochismus. Psychiater sprechen dann von einer ecclesiogenen Neurose.

Also: Tagesprotokoll ja, aber mit Vorsicht und wohldosiert und nicht als Zwangsübung.

Soweit dieser Blick in den Alltag des Leides in meiner Sprechstunde. Unendlich wird gelitten, täglich, ungetröstet. Und ich meine mit dem Leid eben nicht immer nur die großen Schmerzen. Ich denke da vielmehr an das tägliche Leid, das oft nicht zu beseitigen ist, dem wir nur eine andere Dimension zumessen können.

Denken Sie mal an das Wunder von Lourdes. Worin besteht das? Das Wunder und die Größe von Lourdes liegt nicht in der Menge der scheinbar oder wirklich Geheilten, sondern in der Heiterkeit der zurückfahrenden Nichtgeheilten. Wenn Gott hier in Lourdes jemanden geheilt hat und mich nicht, so sagen die Nichtgeheilten, dann wird das einen Grund, einen Sinn haben, das tröstet. So liegt das Wunder hier in einer Flucht in einen zufriedenen, sinnerfüllten Zustand, nachdem alle anderen Befriedigungsmöglichkeiten genommen worden sind.

6. Schlußbetrachtung

Ich möchte nun zum Ende kommen und meine Gedanken noch einmal zusammenfassen.

Wir setzen also neben der Aufgabe, das Leid zu beseitigen, alles daran, in dem Leidenden eine Verwandlung zu bewirken, da wir manches Leiden nicht ändern und auch nicht stellvertretend übernehmen können. Wir fangen an, uns heilsam einzumischen und – die eigene Resignation überwindend – dazwischenzugehen. Das gilt insbesondere bei kleinerem und abwendbarem

Leid. Und wir versuchen mit allen Mitteln, dem Leid hier und jetzt den Stachel der Ausweglosigkeit und der Negativität zu nehmen, damit ein Sinn sichtbar wird.

Ich hatte vorhin beim Verbundensein von Glück und Leid ein Gedicht von *Richard Dehmel* zitiert. Aber es war nur der erste der beiden Verse. Jetzt ist es Zeit, das Gedicht ganz zu lesen. Denn der zweite Vers gibt uns eine begründete Handlungsanweisung: Trinken wir das Leid, obwohl es uns finster bedroht, so kommen wir zu großer neuer Erkenntnis, zum Licht. Das ganze Gedicht lautet so:

Es ist ein Brunnen, der heißt Leid,
draus fließt die lautre Seligkeit.
Doch wer nur in den Brunnen schaut,
den graut.

Er sieht im tiefen Wasserschacht
sein lichtes Bild umrahmt von Nacht.
O trinke! Da zerrinnt dein Bild:
Licht quillt.

Wir wissen, daß wir für die Fortentwicklung der Menschheit diejenigen brauchen, die durch das Leid gegangen sind, denen dieses Licht quillt, denen durch Leid der sichere Boden der Existenz fortgezogen ist, denn sie sind die Schöpfer des Zukünftigen. Und aus denen rekrutiert sich auch eine Gruppe von Menschen, die sich nicht mehr nur um ihre eigene Wohlfahrt kümmern, sondern einen großen Teil ihrer Kraft anderen widmen, ihren Mitmenschen, auch denen, die leiden.

„Krankheit (und Leid)", so sagt *Dorothee Sölle*, „ist eine großartige Gelegenheit, innerlich zu wachsen und sich für neue Aufgaben vorzubereiten. Spüren wir nicht gerade während der Krankheit, wie Gott mit uns an der Arbeit ist?" Und Hans Castorp im Zauberberg von *Thomas Mann* sagt: „Krankheit (und Leid) macht den Menschen edel und klug und befreit ihn von dem Alltäglichen."

Sinn im Leiden kann aber eigentlich nur sein, daß am Ende kein Leid mehr da ist. Zu Hiob gehört auch das Ende der Geschichte, wo er alles wiederbekommt. Aber Hiob wußte auch, wohin er sein Leid ausschrie.

Sie entsinnen sich sicher an diese irritierende Geschichte von Hiob in der Bibel. Der Teufel ringt Gott eine Wette ab, indem er behauptet, er könne den treuen Hiob durch Unglück dazu bringen, Gott zu schmähen. Der Satan erhält freie Hand, er muß nur Hiobs Leben schonen. Und nun brechen alle Leiden und „Hiobs-Botschaften" über den Mann herein: seine Herden werden vernichtet, Söhne und Töchter kommen ums Leben, er selbst wird mit Leiden und Schmerzen geschlagen. Aber er verflucht Gott nicht ein einziges Mal! Drei Freunde erscheinen, die ihn trösten wollen. Einer versucht, bei Hiob doch eine Schuld zu finden. Ihm erscheint es unvorstellbar, daß Gott einen Gerechten straft. Ein anderer sagt, daß das Leid immer zum Guten gewendet wird, ob es nun verdient oder unverdient erworben ist. Der dritte Freund schließlich sieht im Leid ein Geheimnis Gottes, das eines Tages schon seinen Sinn enthüllen wird. Eine weitere Stimme schließlich warnt Hiob davor, hinter Gottes Entscheidungen, hinter sein Geheimnis sehen zu wollen. Und dann spricht Gott der Herr selbst. In einem dramatischen Wettersturm bekräftigt er seine Allmacht. Auf die sinnsuchende Frage Hiobs aber gibt er keine Antwort. Und dann endet die Geschichte damit, daß Hiob Gesundheit und Wohlstand in Fülle zurückerhält.

Hiobs Geschichte ist tiefsinnig und zugleich vieldeutig. Man glaubt zu erkennen, welchen Trost Menschen über Jahrtausende aus diesem Bericht geschöpft haben. Lesen Sie einmal, wenn das Thema Leid Sie nun auch nicht mehr losläßt (wie mich), das Buch „Hiob" in der Bibel und vielleicht auch noch den gleichnamigen Roman von *Josef Roth*.

Hunger ist nur dann sinnvoll, wenn er uns zum Essen bringt und dann auch Speisen da sind. Leiden sind wohl nur zu ertragen, wenn ein Ende der Leiden erwartet werden kann. Die Christen wissen das, denn alle christliche Hoffnung richtet sich auf dieses Ende des Leides. Im Römerbrief heißt es: „Ich bin überzeugt, daß dieser Zeit Leiden nicht ins Gewicht fallen gegenüber der Herrlichkeit, die an uns offenbart werden soll...", das heißt in klaren Worten: „Ich bin überzeugt, die künftige Herrlichkeit, die Gott für uns bereit hält, ist so groß, daß alles, was wir jetzt erleiden, was uns diese Zeit bringt, in gar keinem Verhältnis zu diesem Paradies steht, in das wir kommen werden." Christliche Hoffnung richtet sich allerdings nicht nur exklusiv auf das Ende des Leides, sondern auch auf die Vollendung. Die besteht in der geduldigen Erwartung und auch in dem vorläufigen Sich-Anzeigen von Lösungen, die uns aus dem noch betriebsamen Lauf der Dinge herausweisen.

Das äußere Schicksal ist nicht entscheidend für die innere Zufriedenheit. „Ich weinte, weil ich keine Schuhe hatte, bis ich einen fand, der weinte, weil er keine Füße hatte", ist ein berühmtes Zitat. Hypochondrische Schmerzen vergehen sofort, wenn uns das Schicksal große Aufgaben zuteilt. Wir müssen uns also solche Aufgaben selber stellen. Vielleicht gelingt uns dann das Besiegen des Leides besser. *Martin Luther King* hat einen Satz gesagt, der mich immer beeindruckt hat. Als schwarzer Mitmensch sagte er stellvertretend für seine schwarzen Brüder und Schwestern zu seinen weißen, sie unterdrückenden Mitmenschen: „Wir werden eure Fähigkeit, Leiden zuzufügen, durch unsere Fähigkeit, Leiden zu ertragen, übertreffen und besiegen!" Auch er hielt diese Fähigkeit, Leid zu ertragen für trainierbar.

„Alles geben die Götter, die unendlichen, ihren Lieblingen ganz. Alle die Freuden, die unendlichen, alle die Schmerzen (und Leiden), die unendlichen, ganz." So hat es *Goethe* gesagt, und wir werden damit umgehen müssen.

Aber wir dürfen um ein gerechtes Maß des Leidens bitten, wie *Eduard Mörike* es in seinem
„Gebet" erfleht:

Herr! Schicke, was du willst,
ein Liebes oder Leides;
ich bin vergnügt, daß beides
aus deinen Händen quillt.
Wollest mit Freuden
und wollest mit Leiden
mich nicht überschütten!
Doch in der Mitten
liegt holdes Bescheiden.

Wir haben die Chance, einander zu begegnen...
Wir haben die Chance, einander das Glück
der Liebe, der Freundschaft, des Verständnisses,
der Güte, des Wagemuts zu schenken ...
Wir haben die Chance, einander zu begleiten mit
Mitgefühl, Mitleid, Sensibilität, Poesie,
Kreativität, Phantasie und dem Reichtum
des Herzens.

Eugen Drewermann

Auch im Alltäglichen einen Sinn finden

Ich lebe mein Leben in wachsenden Ringen,
die sich über die Dinge ziehn.
Ich werde den letzten vielleicht nicht
vollbringen,
aber versuchen will ich ihn.

Ich kreise um Gott, um den uralten Turm,
und ich kreise jahrtausendelang;
und ich weiß noch nicht:
bin ich ein Falke, ein Sturm
oder ein großer Gesang.

Rainer Maria Rilke

Am Ende eines langen Lebens

Da hatte ich eine liebe Nachbarin, die wenige Häuser von meiner Praxis entfernt wohnte und sich immer entschuldigte, daß sie nie krank sei und der Doktor an ihr nichts verdienen könnte. Nur einmal, und das ist schon 10 Jahre her, als sie 85 Jahre alt war, stürzte sie und brach sich den Arm. Aus ganz Deutschland kamen Enkel, Nichten und Neffen angereist, um die so blessierte alte Dame anzusehen. Das kannte man nicht, die Oma war krank! Erwartungsgemäß war alles wieder schnell vergessen. Der 90. Geburtstag war ein großes Fest, der 95. etwas stiller. Kurz vor dem 96. Geburtstag ging sie noch in ihrem Garten herum und versorgte sich alleine im Haus so gut es ging. Die Kinder, auch längst pensioniert, wohnten ja nebenan und halfen. Eines Mittags stand sie nicht mehr auf vom Mittagsschlaf. Sie klingelte den Kindern, ließ sich eine Wärmflasche geben, schlief noch einmal, stöhnte auf und starb.

Ich hatte sie mittags noch gesehen und dann am Abend den Tod attestiert. Als Todesursache schrieb ich in die entsprechende Rubrik des Formulars „hohes Lebensalter ohne ernste Vorerkrankungen". Damit nun hatte ich etwas angestoßen, von dessen Kraft ich nichts ahnte. Hohes Lebensalter als Todesursache! Das ist in der Statistik und in der ärztlichen Sprache nicht vorgesehen. In kein internationales Schema paßte meine fatale Diagnose.

Zunächst bekam ich eine gehörige Belehrung durch die Amtsärztin und allerlei Zurechtweisung. Das Dokument landete wieder bei mir auf dem Schreibtisch, die liebe Nachbarin konnte nicht beerdigt werden. Bitte, so die Amtsärztin, ich möchte doch eine Herzschwäche oder wenigstens einen Herzschlag attestieren. Das könnte man doch vermuten. An irgend etwas müsse sie doch schließlich gestorben sein. Ich glaube doch wohl nicht im Ernst daran, daß sie so einfach an ihrem Alter gestorben sei. Aber Herr Kollege, ich bitte Sie... Das ist doch „unwissenschaftlich", sagte sie. Sicherlich meinte sie aber, das ist doch „naiv". Wie lange arbeiten Sie denn schon als Landarzt? 18 Jahre! Na ja, aber damit die alte Dame beerdigt werden kann, bitte... Die Gemeinde wartet auf das Dokument, die Familie wartet, der Pastor wartet.

Also schrieb ich „Herzschlag", lateinisch natürlich, und meinte damit aber in gutem Deutsch den letzten Schlag, den das alte Herz tat und danach keinen mehr, nach einem so langen Leben. So etwas Ähnliches sagte dann auch unser

Pastor, der – verspätet – die betagte Nachbarin zur letzten Ruhe begleitete.

Und doch ärgert es mich, daß nun auch diese liebe Patientin ein Strich ist auf der Zählkarte für all die Herz- und Kreislaufkranken, die an ihrer Krankheit sterben. Sie geht also ungerechterweise mit ein in die internationale Todesursachenstatistik. Und sie zählt mit ihrem letzten Herzschlag zu den immer wieder mahnend besonders uns Ärzten vorgehaltenen so-und-soviel Prozent von Herzkranken, die an ihrem Leiden sterben müssen. Ein Vorgang, den wir Ärzte und Gesundheitsberater doch zu verhindern haben. Das hat sie nicht verdient, die liebe Nachbarin mit ihrem langen Leben und der Gesundheit bis ins hohe Alter hinein.

Aber dennoch bleibt ein tröstlicher Gedanke: selbst die Amtsärztin hatte ja gemerkt – siehe oben –, daß ich den Statistiken nicht so viel Glauben schenke. Und so mag es mir und erst recht der lieben Nachbarin egal sein, in welcher Schublade der Fall abgelegt wird. Und wenn ich mir selbst etwas wünschen darf, dann möchte ich so und zur richtigen Zeit mein Leben beendet wissen, wie die liebe Nachbarin: einfach am Alter sterben! Egal, wer dann die letzte Diagnose zurechtschummelt und wie die auch immer heißen mag.

Plötzlich und unerwartet...

Mit Blaulicht und Martinshorn fuhr der Rettungswagen, und drinnen versorgte ich den Patienten auf dem Weg in die Klinik. Beim Rasenmähen war er umgefallen, morgens im Garten, nachdem am Abend zuvor ein ausgedehnter feuchtfröhlicher Kartenspielstammtisch gefeiert worden war. Nun lag er da, schweißüberströmt, mit starken Schmerzen in der Brust. Schon im Notfall-EKG sah man den frischen ausgedehnten Herzinfarkt. Zwei Tage später rief mich dann der Kollege aus der Klinik an: Das Herz des Patienten war zu weit geschädigt, der Kampf ums Überleben war mißglückt, der Patient war nicht mehr zu retten und ist verstorben.

„Warum?" stand in dicken, dramatisch-aufrührenden Worten über der Todesanzeige. Wenige Tage später erhielt ich den schriftlichen Bericht aus der Klinik: frischer Herzinfarkt, beginnendes Alkoholdelir, nicht behandelter, jahrelang bestehender Bluthochdruck, Übergewicht von 22 kg, Nikotinmißbrauch, schlecht eingestellter Diabetes. Also darum! Ob ich nun der einzige gewesen bin, dem das „darum!" so klar war? Ob der Patient und seine Angehörigen nicht auch von all diesen Risikofaktoren wußten? Oder sollte es heißen: Warum hat er nicht auf seine Ärzte, auf seine Angehörigen und auf seine innere Stimme gehört, die alle zu Mäßigung und Korrektur der Lebensführung aufgerufen haben?

Seit fast 20 Jahren sammle ich die Todesanzeigen meiner Patienten, auch die der Notfälle aus dem Notdienst und den Urlaubsvertretungen, falls ich mich an die Namen erinnere. Das sind – und da habe ich selber gestaunt – schon weit über tausend solcher Anzeigen. Nicht nur die interessanten, mir bis dahin nicht bekannten verwandtschaftlichen Beziehungen lese ich aus den Anzeigen. Auch den letzten Glorienschein, der hier um ein zu Ende gegangenes Leben gelegt wird, bedenke ich so still für mich.

Ist Ihnen schon einmal aufgefallen, wie sehr in diesen Anzeigen geheuchelt wird? Da wird von der „lieben fürsorglichen Mutter, die stets Mittelpunkt der Familie war" gesprochen und 4 trauernde Kinder unterschreiben. Doch ich als Hausarzt weiß, daß auf Krankenkassenkosten die Gemeindeschwester wochenlang die Sterbende morgens wusch und bettete. Oder es erscheinen 2 Anzeigen, eine vom „Lebensgefährten" und eine von der Familie, die diese Rentner-Onkel-Ehe nicht toleriert hat. Und dem unvernünftig Lebenden, der trotz aller ärztlicher Warnungen seine Risikofaktoren so richtig voll auslebte bis hin zur tödlichen Koronarthrombose oder zum Herzstillstand nach einem reichlichen Mahl mit alkoholischer Vollbelastung, wird dann ein „starb unser treusorgender Vater und lieber Mann am Herzinfarkt" nachgerufen. Wobei der Herzinfarkt sozusagen als Krönung seines Lebens dargestellt wird, so als habe er sich rastlos aufgeopfert für das Wohl aller, bis zum letzten Atemzug. Der Herzinfarkt ist ja, – obwohl er eine lebens- und ernährungsbedingte Krankheit ist, die durch die eigene Lebensweise induziert wird, – eine der wenigen Diagnosen, die in der Todesanzeige stehen darf. Ich sehe darin, wie auch in der Anzeige, die ich eingangs beschrieb, nur eine posthume Verklärung der unvernünftigen und ärztlich strengstens vermahnten Rast- und Maßlosigkeit.

Diese Liste von beschönigenden Heucheleien, äußerem Schein und allerlei Verlogenheiten ließe sich endlos fortsetzen. Oft ist die Todesanzeige als letztes Dokument in der ärztlichen Karteikarte nichts anderes als ein abschließendes Ausrufezeichen unter einer langen Lebensgeschichte. Und es ist das große Plus von uns Hausärzten, daß wir diese Geschichten von unseren Patienten so genau kennen. Mir jedenfalls steht oft beim Durchblättern meiner Aufzeichnungen in der Patientenkartei, beim Überdenken der Familiengeschichte und beim Lesen der Todesanzeigen der Lebensweg meiner Patienten mit allen „Warum?" und „Darum!" ganz beklemmend nah vor Augen. Und wie traurig bin ich dann, wenn als letzter Satz einem Verstorbenen nachgerufen wird: „Müh' und Arbeit war dein Leben..."! So, als wäre das alles. Nur Mühe und Arbeit? Keine Freude, kein Lachen, keine Liebe, keine Ruhe, keine Muße? Heißt das nicht, ein völlig vertanes Leben geführt zu haben?

Lesen Sie einmal die Todesanzeigen in Ihrer Zeitung mit wachen Augen und denken Sie dabei auch über die Aufrichtigkeit in Ihrem eigenen Leben nach.

Ich glaube,
daß die Krankheiten Schlüssel sind,
die uns gewisse Tore öffnen können.
Ich glaube,
es gibt gewisse Tore,
die einzig die Krankheit öffnen kann.
Es gibt jedenfalls einen Gesundheitszustand,
der uns nicht erlaubt,
alles zu verstehen.
Vielleicht verschließt uns die Krankheit
einige Wahrheiten;
ebenso aber verschließt uns
die Gesundheit andere
oder führt uns davon weg,
so daß wir uns nicht mehr
darum kümmern.

André Gide

Der teilbare Tod

Neulich sagte ein junges Mädchen in der Sprechstunde auf die Frage, wo sie Schmerzen habe:
„In dem Teil da!" Dabei zeigte sie auf einen
geschwollenen Fuß.

Nicht, daß Sie denken, ich will mich über die
saloppe Jugendsprache auslassen. Mir kamen
nur Gedanken über den Gebrauch des Wortes
„Teil", mit dem modische Jugendliche nicht nur
dieses und alles bezeichnen, sondern jetzt auch
ihre Körper-Teile so nennen.

Das auch verbale Zerstückeln unseres Organismus läßt nichts mehr erkennen von der wunderbaren festgefügten sinnvoll miteinander ar-
beitenden Einheit. Dieses Zerteilen wird zu
einer anderen Bewertung des Körpers führen,
als es uns noch gegenwärtig ist, die wir das
Wunderwerk der Schöpfung bestaunen. Wer so
denkt wie meine Patientin, sieht den Leib als
prinzipiell in seine Organe teilbar und sieht
gleichzeitig Therapie von Leibstörungen als Re-
paratur oder Austausch dieser Teile.

Auch der Tod ist ja inzwischen teilbar geworden. Die Organtransplanteure sprechen längst
vom Hirn-Tod als einem Teil des Sterbevorganges. So wird selbst im Tod noch geteilt: Erst
stirbt das Gehirn und dann später die anderen

Organe wie zum Beispiel die Niere. „Um an die noch vitalkonservierbaren Organe heranzukommen, ist der Hirntod von der Organtransplantationsmedizin zum Tod des Menschen erklärt worden", schreibt anklagend der Berliner Theologe Prof. Dr. Jörns. Für eine theologische Ethik ist diese Todesdefinition unannehmbar, für eine medizinische müßte sie es auch werden. Sie definiert den Sterbenden zu einer Summe von noch nutzbaren Organen, die zwar „anatomisch noch einen Restkörper bilden, mit denen aber Experimente erlaubt erscheinen".

Jörns vertritt diese Gedanken in seinen „Thesen zur Ethik der Organtransplantation und zu einem (neuen) Transplantationsgesetz". Er beklagt darin, wie das erst mühsam aufgebaute Bild der Psychosomatik, diese wunderbare Verbindung von Seele und Körper, durch das Teile-Denken zerstört wird. Die Einheit von Leib und Seele besteht für ihn selbstverständlich auch im Tod fort. „Der Leib ist keine Hülle, die über eine unsterbliche Seele herumgeformt wurde und im Tod als bedeutungslos geworden wegfiele." Zur Individualität und Personalität des Menschen gehören seine eigenen Organe – und zwar über den Hirntod hinaus. Die gestorbenen Menschen werden nicht einfach inpersonale Gegenstände. Auch erscheint Jörns eine christliche

Kirche unglaubwürdig, die von ihren Mitgliedern eine Bringeschuld bei der Organspende fordert, indem sie die Nächstenliebe zu Christenpflicht verfälscht. Gleichzeitig verkündigt diese Kirche eine Auferstehungslehre, die dem ganzen Menschen gilt und ihn vor Vergegenständlichung schützt. Die Botschaft von der Auferstehung der Toten gilt nämlich den in der Einheit von Leib und Seele lebenden und sterbenden Menschen.

Um eine „Spende" von Organen handelt es sich sowieso meist nicht, da nur in seltenen Fällen eine Einverständniszusage des Donators (wörtlich: des Gebers) vorliegt.

Für ein dringend notwendig neu zu formulierendes Transplantationsgesetz fordert Jörns daher eine genaue Unterweisung der Spender. Sie müssen schon zu Lebzeiten eine schriftliche Zustimmung geben, um auch wirklich „Spender" zu sein. Eine stellvertretende Erklärung von fremden Menschen zur Transplantation erscheint unzulässig. Auch sind werdende Menschen im Mutterleib, Kinder und Menschen, die auf Grund ihres Entwicklungsstandes und anderer Einschränkungen keine eigene Entscheidung treffen können, vor jedem Zugriff auf ihre Organe zu schützen. Auch die Berufung auf den ärztlichen Notstand muß ausgeschlossen sein.

Den Spendern muß klar sein, daß eine Zustimmung zur Explantation bedeutet, daß die Organe noch während des Sterbevorganges aus dem Körper entnommen werden müssen.

Nur wer das alles ganz verstanden und akzeptiert hat, möge seine Zustimmung zur Organspende erteilen. Wenn wir genügend so aufgeklärte Spender haben und besonnen handelnde Ärzte, wird sich vielleicht auf einer ethisch vertretbaren Ebene eine Transplantationsmedizin durchführen lassen, die ohne die entsetzlichen Auswüchse auskommt, von denen zur Zeit in der Sensationspresse so lüstern berichtet wird. Denn segensreich arbeiten kann dieser moderne Zweig der Medizin, wenn er die richtigen Voraussetzungen hat.

Wer sich über die Fragen austauschen mag oder wer die Thesen des Berliner Theologen unterstützen will, wende sich an Herrn Prof. Dr. theol. Klaus-Peter Jörns, Conradstr. 5, 14109 Berlin. In dem Arbeitspapier des Prof. Jörns werden klare Worte gesprochen. Und die sind in der Diskussion dieses schwierigen Themas auch nötig.

Wider den Zeitgeist

Es war in Berlin. Ich besuchte mit meiner Frau einen medizinisch-wissenschaftlichen Kongreß und hatte gerade eine sehr anstrengende Vormittags-Vortragsreihe gehört. Vor dem Kongreß-Hotel waren in einem kleinen Garten in den ersten Frühlingssonnenstrahlen Tische gedeckt. Dankbar genossen wir die frische Luft und die Sonne. Eine Kollegen-Ehefrau kam noch ganz geschäftig mit der Kongreßmappe unter dem Arm herausgestürzt auf uns zu und rief: „Ja, gehen Sie denn gar nicht in die Beuys-Ausstellung in der Kunsthalle? Wir haben doch zwei Stunden Mittagspause, das reicht gerade für die Ausstellung!" Als wir auf die verdiente Muße in der Sonne hinwiesen, sagte sie: „Aber dann verpassen Sie ja den Zeitgeist!" Sicherlich habe ich mein „Na, denn verpassen wir ihn eben!" etwas zu schroff geantwortet, aber es kam aus tiefstem Herzen und mit tiefster Überzeugung. Und dann saß ich da mit meiner Frau in der Sonne, mitten in Berlin, genoß die Mittagsruhe im Hotelgarten und verpaßte den Zeitgeist.

Wer oder was ist das eigentlich, dieser Zeitgeist? Hinter wem oder was rennen wir eigentlich hinterher, bis zur Erschöpfung, um überall dabeigewesen zu sein, überall im Trend zu liegen und überall mitreden zu können? Ob das nun wirklich alle interessiert, was sie sich, vom Zeitgeist diktiert, ansehen oder anhören: Ob das wirklich allen gefällt, was sie sich da Zeitgeistiges kaufen? Müßten wir als individuelle Persönlichkeiten nicht genau antizyklisch handeln? Das bedeutete zum Beispiel, daß, wenn alle Welt grün trägt, wir mit Stolz sagen: „Mir aber steht rot, und so trage ich auch rot, und jeder erkennt mich als den, der ich bin!" Oder hat der Zeitgeist uns dieses Stück von Persönlichkeit und Stärke der eigenen Urteilskraft schon gestohlen?

Was kaufen wir uns damit ein, daß wir überall dabei sind und überall mitreden können? Zunächst einmal ist es die innere Unruhe, die Hektik, das ständige Angespanntsein, das ständige sich Wandeln in den Moden, das Hinterherfließen hinter den Strömungen. Ist nicht der allgemeine Stoßseufzer unserer Zeit: „Ich habe keine Zeit, – dafür habe ich keine Zeit", nicht auch ein Tribut an diesen Zeitgeist? Daneben kostet das Angleichen an den Trend auch Geld und verführt zu viel Unnützem, zu Plunder, der schon bald den nutzlosen Müll vermehrt. Es zeigt uns die Kurzlebigkeit vieler Gedanken, Werte und Gegenstände. Und es bringt uns weg vom Beständigen, vom Dauerhaften und vom

Zufriedenen. Weg vom Zufriedenen: Diese Unzufriedenheit wird uns noch belasten!

Und ist der Zeitgeist nicht derjenige, der uns alle gleichschalten will? Alle schnorcheln auf den Seychellen und wissen, daß Surfen in Fuerteventura längst out ist. Fahren Sie aber bitte nicht gleich los auf die Seychellen, die sind möglicherweise auch schon wieder out, denn zwischen Manuskript-Schreiben und Zeitung-Drucken weht der Wind des Zeitgeistes schon wieder in eine andere Richtung. Alle haben ein abgebeiztes Jugendstilbuffet auf der Diele. Alle haben das gleiche Krempeljacket aus Seide, dem man ansieht, daß es 1993 gekauft ist. Alle essen nur ... aber halt, – wir wollten ja nichts essen oder trinken, wofür Werbung gemacht wird! In dieser Hinsicht sind wir ja schon als Bruker-Fans für den Zeitgeist verloren. Und für die große Zeitgeist-Orgie, die sich die Werbeverführer so vorstellen, taugen wir dann auch nicht mehr: dienstags abends, viertel nach acht, alle die gleichen Jeans an, alle die gleichen Hamburger gegessen, alle das gleiche Zuckergetränk im Glas und das gleiche Familiendrama aus USA auf dem Fernsehschirm! Das ist dann der Zeitgeist in totaler Vollendung! Nein – den möchte ich doch lieber verpassen, zwei Stunden in der Sonne, im Berliner Hotelgarten.

Stellen auch Sie sich mit mir gegen diesen Zeitgeist!

Rat zur Muße

Eine 78jährige und leicht gehbehinderte Patientin besuche ich regelmäßig einmal im Monat, da sie entfernt von unserem Dorfkern wohnt. Diesmal war die Besuchstour umverteilt, und ich war eine Stunde zu früh. Die alte Dame saß an der Seite ihres Hauses in der Sonne auf der Bank, hatte die Hände in den Schoß gelegt und sah in ihren Garten. Ich blieb einen Moment am Gartentor stehen, um dieses friedliche Bild der Muße in mich aufzunehmen. Mindestens dreimal hat sich dann meine Patientin während meines Besuches dafür entschuldigt, daß sie einfach dort so nutzlos herumgesessen habe. Das ginge doch nicht... Und einfach so am Nachmittag... Nicht einmal das Strickzeug habe sie mit herausgenommen, sondern nur so dagesessen!

Ist es nicht bemerkenswert, daß diese Mußestunde ein schlechtes Gewissen aufkommen läßt? Sind wir denn so gehetzt in unserem Alltag, daß wir uns auch 13 Jahre nach der öffentlichen Pensionierung zum 65. Lebensjahr nicht einmal eine Mußestunde auf der Bank in der Sonne gönnen dürfen – ohne ein schlechtes Gewissen? Gilt denn nur der fleißige Schaffer noch etwas?

In meiner Heimat in Ostpreußen wurde die Schummerstunde gehalten. Das wir die Stunde, wenn das Tageslicht blasser wurde und für die Arbeit nicht mehr taugte, es aber Verschwendung gewesen wäre, schon die Petroleumlampe anzuzünden. Dann legten die Menschen die Hände in den Schoß, ruhten aus, erzählten ein bißchen, sangen Lieder und warteten auf die Nacht. Diese gute Sitte wurde beibehalten, auch als das elektrische Licht erfunden worden war.

In unserer Familie gab es, als die Kinder noch klein waren, die „Gott-sei-Dank-Stunde". Die hatte ihren Namen vom Stoßseufzer der Mutter: „Gott sei Dank, die Kinder sind im Bett!" Nun kam die Stunde der Eltern, in der gesprochen oder geschwiegen, gelesen oder Musik gehört wurde. Dieses Ausruhen, bei dem die Kinder gestört hätten, wurde dann mit Freuden genossen, zur anderen Zeit hatten dann wieder die Kinder das Sagen. Vielen meiner Patienten rate ich zu einer solchen „Ich-Stunde", in der sie sich zurückziehen, sich pflegen, sich selbst belohnen und ausruhen und auch zu dieser Ruhe bekennen sollen. Insbesondere den Ruhelosen, den Gestreßten, den Schlaflosen, den Erschöpften, den Fernsehübersättigten, den Gehetzten und den Deprimierten ist diese Muße als Therapie zu empfehlen. Vielleicht sollte es wirklich und im Sinne des Wortlautes eine „Gott-sei-Dank-Stunde" werden, in der man auch wieder Dank sagen lernt für die Bewahrung im Leben und für all das Positive im Alltag, was dann auch wieder einfällt, wenn man bewußt und mit Muße in dieser stillen Stunde danach sucht. Das wirkt heilend, muß aber als Heilmittel auch wohldosiert und ausgefüllt verordnet werden.

Nicht alles war in früheren Zeiten gut, aber sicherlich hatten die Menschen innerlich mehr Ruhe und brauchten weniger Beruhigungs- und Schlafmittel als heute. Alleine in der Bundesrepublik werden zur Zeit jeden Abend mehr als 5 Millionen dieser kleinen Tabletten gegessen. Ob man durch das Wiedereinführen der Schummerstunde nicht doch einen Teil davon entbehren könnte?

Lassen Sie sich zur Muße überreden, und genießen Sie sie auch von Herzen und mit der Seele.

Carpe diem

Auf unserer herrlichen Reise durch die wilde Natur Islands war meine Frau wohl die einzige Expeditionsteilnehmerin ohne Fotoapparat. „Ja, knipsen Sie denn gar nicht?" sagte eine Reiseteilnehmerin fast mitleidsvoll. „Nein!" entgegnete meine Frau, „ich gucke schon jetzt".

Vielleicht haben Sie es auch schon bemerkt: Viele Touristen schauen ihre Dias länger an als die Objekte in der Natur – und entdecken daher erst auf den Abbildungen die schönen Dinge, die sie ja eigentlich in natura gesehen haben sollten. Zudem stellt ein Foto immer nur einen kleinen Teil des Gesamteindrucks dar, den man beim direkten Erleben genießen kann.

Und deshalb sollten wir wieder lernen, mit den Augen zu sehen, ohne künstlichen Zoom und ohne Teleobjektiv, einfach nur so. Und den Moment sollten wir ausschöpfen, das Jetzt auskosten, ganz besonders im Urlaub. Carpe diem heißt: pflücke (Dir) den Tag.

Viele Philosophen halten die Menschen heute für Dilettanten des Lebens. Alles was sie tun, tun sie zweckbezogen und nicht um ihrer selbst willen. Und bei vielen Touristen, – meine lieben Islandmitreisenden ausgenommen –, ist die heimatliche Dia-Schau ein größeres Ereignis als die

Reise selbst. So diente auch der Urlaub dann nicht mehr der Erholung und Besinnung, sondern nur einem – zwar interessanten und vielleicht auch angenehmen, aber eigentlich doch nebensächlichen – Zweck. Die Mallorca-braune Sonnenhaut oder der volle Diakasten wurden zu den wichtigsten Mitbringseln der Reise. Und kaum jemand nahm wahr oder gab zu, daß der Hauptzweck des Urlaubs das Imponieren oder das Erzielen neuer Rekorde oder im besten Fall noch das Reparieren der ramponierten Gesundheit geworden war. Wieder einmal war nichts um seiner selbst willen getan, sondern auch in diesen „schönsten Tagen des Jahres" waren wir wieder zweckbezogen in unserem Handeln!

Lernen wir doch einmal wieder, den Tag zu genießen und nicht unentwegt das Heute dem Morgen zu opfern.

Pflücken wir uns wieder jeden Tag.

Hör mal zu!

Über eine Stunde lang hatte ich der Patientin zugehört. Sie hatte sich, von etwas weiter her angereist, einen Termin bestellt und um Zuhör-Zeit gebeten. Sie müsse mal einem Arzt ihr Herz ausschütten. In Ruhe haben wir dann einige

Ansätze zur Regelung der Lebensführung und zu einem anderen Denken besprochen. Als sie das Sprechzimmer wieder verließ, fragte sie an der Anmeldung meine Helferin: „Muß ich dafür auch einen Krankenschein abgeben?".

Sie hatte das Wertvollste bekommen, was ich zu vergeben habe, meine Zuhör-Zeit und meinen Lebensrat. Aber so ohne technische Leistungen, ohne Röntgenbild, EKG und Blutanalyse schien ihr das, was ich ihr zu bieten hatte, keine besoldenswerte Leistung. Das ist wohl Information, Serviceleistung, und das kostet nichts.

Dabei sollte das Sprech-Zimmer des Arztes eigentlich Zuhör- und Sprech-Zimmer heißen und die Sprechstunde noch Zuhör- und Sprech-Stunde. Zuhören ist die höchste und konzentrierteste Stufe aktiver Zuwendung. Sie hat allerlei Voraussetzungen zum Gelingen nötig: zum einen fordert sie unbedingtes Interesse am Mitmenschen und eine angespannte geistige Anwesenheit. Zum anderen muß man auch gelernt haben, zuzuhören und sich heilsam einzumischen. Zuhören aber ist im Dialog zwischen zwei Menschen der schwierigere Teil. Reden ist ja so viel leichter.

Michael Ende stattet seine „*Momo*" mit so einer großen Eigenschaft aus:

Was die kleine Momo konnte wie kein anderer, das war: Zuhören. Das ist doch nichts Besonderes, wird nun vielleicht mancher Leser sagen, zuhören kann doch jeder.

Aber das ist ein Irrtum. Wirklich zuhören können nur ganz wenige Menschen. Und so wie Momo sich aufs Zuhören verstand, war es ganz und gar einmalig.

Momo konnte so zuhören, daß dummen Leuten plötzlich sehr gescheite Gedanken kamen. Nicht etwa, weil sie etwas sagte oder fragte, was den anderen auf solche Gedanken brachte, nein, sie saß nur da und hörte einfach zu, mit aller Aufmerksamkeit und aller Anteilnahme. Dabei schaute sie den anderen mit ihren großen, dunklen Augen an, und der Betreffende fühlte, wie in ihm auf einmal Gedanken auftauchten, von denen er nie geahnt hatte, daß sie in ihm steckten.

Sie konnte so zuhören, daß rastlose oder unentschlossene Leute auf einmal ganz genau wußten, was sie wollten. Oder daß Schüchterne sich plötzlich frei und mutig fühlten. Oder daß Unglückliche und Bedrückte zuversichtlich und froh wurden. Und wenn jemand meinte, sein Leben sei ganz verfehlt und bedeutungslos und er selbst nur irgend einer unter Millionen, einer, auf den es überhaupt nicht ankommt und der ebenso schnell ersetzt werden kann wie ein ka-

*putter Topf – und er ging hin und erzählte alles
das der kleinen Momo, dann wurde ihm, noch
während er redete, auf geheimnisvolle Weise
klar, daß er sich gründlich irrte, daß es ihn,
genauso wie er war, unter allen Menschen nur
ein einziges Mal gab und daß er deshalb auf seine
besondere Weise für die Welt wichtig war.*

So konnte Momo zuhören!

Wäre das nicht eine Gnade, solche Eigenschaften zu besitzen? Wenigstens ein klein wenig von diesen Zuhöre-Qualitäten zu haben! Ob
man das wohl erlernen kann? Sicher ist das
einfühlende Zuhören eine Tugend. Und Tugenden muß man erlernen und einüben wie vieles
andere auch, was man im Leben perfekt können
will. Viele Hindernisse stehen da im Weg. Und
vieles um uns herum ruft nicht nach Sammlung,
sondern nach Zerstreuung unserer Gedanken.
Konzentriertes Sammeln unserer Aufmerksamkeit ist aber beim Zuhören gefragt. Wir sollten
uns darum mühen, zum Nutzen unserer Mitmenschen und zum eigenen Gewinn.

*Daß wir alle etwas von den wunderschönen
Eigenschaften des Zuhörens der Momo haben
oder erwerben können, das wünsche ich Ihnen.*

„Zähmen, das ist eine in Vergessenheit geratene Sache", sagte der Fuchs. „Es bedeutet, sich ‚vertraut machen' ... Wenn du mich zähmst, werden wir einander brauchen. Du wirst für mich einzig sein in der Welt. Ich werde für dich einzig sein in der Welt ..."

„Der kleine Prinz"
von Antoine de Saint-Exupéry

Ein Geschenk auf Zeit

Als ich meine älteste Tochter zum ersten Mal in ihrem Studienort besuchte, ihr eigenes Reich dort sah, ihren Kreis kennenlernte, in dem sie so selbstverständlich „zu Hause" war, und als ich sie dort zurücklassen mußte, spürte ich einen tiefen Schmerz in mir. Bis dahin war sie nur wie „verreist" von zu Hause weg. So wie öfter vorher auch. Sie kam wieder und flatterte zu Hause herum wie eh und je. Jetzt merkte ich erstmals, sie war abgenabelt, selbständig geworden, verloren. Theoretisch war mir das alles klar. Aber es zu erleben, ist eine andere Sache.

„Geht das Kind in den Kindergarten, weint das Kind. Geht es in die Schule, weint die Mutter. Geht es aus dem Haus, weint der Vater!" sagt der Volksmund. Und liebe Freunde sagten mir dieses Wort zum Trost.

„Kinder sind ein Geschenk auf Zeit" hatte mein Chef mir früher immer gesagt. „Genießen Sie es, sie um sich zu haben. Geben Sie ihnen so viel mit, wie Sie nur können, von dem, was Sie für das Leben für wichtig erachtet haben. Laden Sie sie voll mit all diesen Werten und vertrauen Sie dann später auf Ihre Erziehung. Und lassen Sie sie wieder los."

Ein Geschenk auf Zeit. Wir sollten unsere

Kinder so annehmen! Dann müßte es doch eigentlich ein Paradies für Kinder sein, in einer Zeit, wo Elternschaft ohne Probleme, ohne ethische Bedenken oder soziale Benachteiligung geplant werden kann. Es sollte zur Dankbarkeit anregen in einer Zeit, wo die Zahl der kinderlos bleibenden Ehen zunimmt. Es sollte unseren Kindern gut bekommen in einer Zeit, in der die 1,3 Kinder zählende Familie der statistische Mittelwert ist und in einer Zeit, in der Kinder immer häufiger überversorgt (overprotected) sind oder wohlstandsverwahrlost neben ihrer Familie oder dem Alleinerziehenden nebenherleben. In dieser Zeit des Friedens und Wohlstandes sollten wir die dankbare Aufgabe, Kinder zu erziehen, mit großer Freude annehmen können.

Und doch sieht es zumindestens in unseren sensationslüsternen Medien oft nach dem Gegenteil aus. Ich will dieses düstere Szenario hier nicht weiter ausbreiten, aber vielleicht hilft uns der Satz vom „Geschenk auf Zeit" etwas mehr, unsere Kinder richtig zu sehen.

Vielleicht sollten wir einmal versuchen, unsere eigenen Kinder und die Kinder unseres Lebenskreises als Leihgabe zu betrachten. Wir sollten uns mitfreuen mit all denen, denen wir begegnen dürfen, eine kurze Spanne auf ihrem Lebensweg. Wir sollten wahrnehmen, was zurückstrahlt von der Natürlichkeit und dem Temperament dieser jungen Mitgeschöpfe, von ihrer Unbekümmertheit und ihrem Tatendrang, ihrer Fröhlichkeit, aber auch von ihren Sorgen. Wir sollten sie annehmen und begleiten und versuchen, ihnen von den uns wertvoll gewordenen Werten vieles zu vermitteln, für ihre Sorgen immer da zu sein und uns an ihrem Werden und ihrem Wachsen zu freuen. Vielleicht können wir sie dann leichter loslassen, wenn die Zeit gekommen ist. Das sollten wir üben.

Second hand

„... den kenne ich!" sagte neulich eine Patientin, als sie in meiner Praxis ein Bild von Dr. M. O. Bruker sah. Auf meine erstaunte Frage, wo sie denn diesem bekannten Arzt begegnet sei, sagte sie „im Fernsehen, und ein Buch von ihm habe ich auch gelesen!"

Dann also sagt man auch, man kenne jemanden, wenn man ihn auf der Mattscheibe sah. So täuschend echt ist also die Illusion des Fernsehens, so nah wird alles dadurch. Und doch ist es ein Kennen und Erleben aus zweiter Hand.

Wer wieder einmal im Konzert war oder im Theater, der weiß, was ich meine. Die direkte

Nähe des Erlebnisses, mit all den „Webfehlern" einer Live-Darstellung läßt in uns eine ganz andere Dimension anklingen.

In einer Befragung nach den erwünschten Freizeitbeschäftigungen liegt das Fernsehen hinter vielen aktiven Tätigkeiten abgeschlagen auf einem der letzten Plätze. Aber die Realität ist eine andere. Hier fallen Wunsch und Wirklichkeit auseinander. Dem Wunsch, aktiv zu sein, selbstbestimmend zu handeln und persönliche Beziehungen zu pflegen, steht das allabendliche Eingeständnis gegenüber, am Bildschirm wieder der Schwäche der TV-Fernbedienung nachgegeben zu haben.

Und dann bleibt es eben bei dem Leben aus zweiter Hand. Obwohl doch nur das „be-griffen" und „erfahren" wird, was selbst aktiv getan wurde. Nur das, was ich wirklich selbst angefaßt habe, was ich selbst mir „einver-leibt" habe, das gehört mir, das habe ich zu eigen. Trotz aller perfekter und faszinierender Darstellung bleibt das im Fernsehen Erlebte eine Illusion, eine Täuschung, eine leere Versprechung. Der herrliche Südseestrand mit Palmen und Wellengeplätscher ist fort durch einen Knopfdruck. Viele Male kann man ihn angesehen haben, diesen Strand, erst wenn man mit den Füßen selbst durch dieses Wasser geht, wenn einem die unvergleichliche Sonne auf die Haut scheint, wenn man diese Luft atmet, wenn alle Sinne angesprochen werden, alle Fasern mitschwingen, ist es das eigene Erlebnis.

Dasselbe gilt auf geistigem Gebiet. Die Erfüllung des Wunsches nach wahrer geistiger Begegnung fehlt im Fernsehen. Immer ist eine Barriere, eine Schranke der Technik zwischen mir und dem, was ich aufnehmen will. Alles geht so rasch, alles ist so oberflächlich. Immer trennen mich Mikrophone, Verstärkeranlagen, Kameras und Bildschirme vom direkten Erleben. Und viele Menschen spüren gar nicht, daß die Sucht, immer wieder neu vor dem Bildschirm zu sitzen, das Ergebnis gerade dieser Trennung von der Wirklichkeit ist. Im Inneren ausgehungert, verstärkt sich in uns das Bedürfnis nach einer intensiven Begegnung und zwingt uns immer wieder vor den Fernsehschirm, wo wir erneut vergeblich darauf warten, eine echte bereichernde Begegnung zu haben.

Wir sollten uns beschränken in unserem Ziel. Nicht das Beste, Bekannteste und Tollste müssen wir erleben, nicht den letzten Kitzel als Illusion in unser Haus geflattert bekommen. Alles Große ist auch einfach. In vielen einfachen Dingen um uns herum können wir wieder aktiv aus erster Hand Großes erleben. Statt des Telefonates reicht es, einen Brief zu schreiben. Statt der Talk-show ist es sinnvoll, einen Besuch zu machen und ein Gespräch zu führen. Viele Dinge müssen wir sicherlich erst lernen und neu üben. Fällt Ihnen nichts dazu ein? Na, dann wird es aber Zeit, mal für eine Woche den Fernseher auszuschalten und in der Zeit des üblichen Konsums (sind es heute nicht beinahe drei Stunden pro Tag?) wieder selbst und aktiv zu leben.

Fehlerfrei

Wir kennen die Redewendung aus den Medien: schon wenige Stunden nach einem Unglück beeilt sich irgendeine offizielle Stelle bekanntzugeben, die Ursache des Unglücks sei „menschliches Versagen" gewesen. Damit ist der Fehler gefunden und entschuldigt. Ist ja alles klar: Es ist der dumme und unzuverlässige Mensch gewesen, der es verschuldet hat, einer Maschine wäre das nicht passiert!

Was ist das für ein Denken? Wir messen Menschen und Maschinen mit dem gleichen Maßstab des Funktionierens. Und wir verlassen uns dann lieber auf den Computer. Bei diesem Bewerten schneidet der Mensch mit all seinen menschlichen Schwächen, seinem Versagen eben schlechter ab. Da haben Adam und Eva und alle ihre Kinder die schlechteren Karten, den kürzeren gezogen. Daumen nach unten und die Bewertung „weniger empfehlenswert".

Wenn dieses Denken weiterhin Allgemeingut wird, dann werden wir schon sehen, wohin wir kommen. Zunächst einmal werden die Versicherungsunternehmen weiter davon profitieren, die das menschliche Restrisiko absichern, unsere Fehler, unser Versagen. Und sei es nur die eigene Krankheit vor der Urlaubsreise, die eigene Ungeschicklichkeit im Porzellanladen oder die vermeintlich falsch verordnete Tablette des Hausarztes.

Und ein zweites und viel Wichtigeres müssen wir bedenken: wir müssen feststellen und akzeptieren, daß wir in einer Zeit leben, in der uns das Recht, unvollkommen zu sein, das Recht auf einen Irrtum abhanden gekommen ist. Abhanden gekommen unter anderem durch die immer umfangreichere und hochentwickelte Technik, die uns umgibt. Einen Irrtum können wir uns nicht mehr leisten, weder im Straßenverkehr, noch im Geschäftsleben, noch im automatisierten Haushalt. Selbst eine Null zuviel beim Telefonnummern-Wählen treibt unsere Rechnung in höchste Höhen. Fast jeder Irrtum tut heute weh.

Und dabei lernen wir doch aus unseren Fehlern und aus dem Irrtum. Wir haben nur das gelernt, was wir erprobt haben, worin wir eine Probe abgelegt haben, die auch einmal daneben gehen darf. Wir wissen nur dann, wie hoch eine Mauer sein darf, damit wir noch ohne Schaden herunterspringen können, wenn wir es geprobt haben, wenn wir schon mehrfach heruntergesprungen sind und unsere eigene Reaktion dabei einschätzen können. Nur aus dieser Erfahrung heraus haben wir gelernt. Nur dieses Wissen haben wir er-fahren, ver-inner-licht, be-herzigt. Und dieses Erleben geht nur, wenn uns Fehler, wenn uns menschliches Versagen erlaubt ist.

Wehe uns – wenn wir alle fehlerfrei funktionieren müssen wie die Maschinen. Wehe uns, wenn wir immer an ihnen gemessen werden und dann mit unserem menschlichen Versagen in der Leistungskraft und Zuverlässigkeit hinter den Computern auf den zweiten Platz wandern.

Wir sollten für uns und vor allem für unsere Kinder Freiräume schaffen, in denen auch einmal etwas danebengehen darf. Zeiten, in denen gespielt und auch einmal verloren wird. Wo wir als Verlierer, als „Loser" nicht gleich ausgegrenzt werden. Wo nicht jedes Tun den An-

spruch auf Vollkommenheit hat. Im Rest der
Zeit ist der Konkurrenzkampf schon hart genug!

*Es gibt nur eine Frage, die für die menschliche
Existenz wesentlich ist: „Wer bin ich selber?
Worauf darf ich hoffen? Welches ist die
Wahrheit meines Herzens, und wie kann ich sie
leben, und stünde eine ganze Welt dagegen?"*

Eugen Drewermann

Jeder Arzt, er mag mit Heilmitteln oder mit der Hand zu Werke gehen, ist nichts ohne die genaueste Kenntnis der äußern und innern Glieder des Menschen; und es reicht keineswegs hin, auf Schulen flüchtige Kenntnis hievon genommen, sich von Gestalt, Lage, Zusammenhang der mannigfaltigsten Teile des unerforschlichen Organismus einen oberflächlichen Begriff gemacht zu haben.

Goethe

Ein Augenblickchen bitte...
Kennen Sie das Diminutiv?

Das Diminutiv ist die Verkleinerungsform, die Verniedlichungsform unserer Sprache. Aus dem Wald wird das Wäldchen, aus dem Reh das Rehlein. Durch die angehängten Endungen wird alles klein, niedlich und zugleich harmlos. Im Wäldchen haben wir keine Angst, und das Rehlein läßt sich streicheln.

Ist Ihnen schon einmal aufgefallen, daß wir das Diminutiv auch immer dann benutzen, wenn wir ein schlechtes Gewissen haben, unser Tun abmildern oder unser Gewissen beruhigen möchten? Anders läßt es sich doch wohl kaum erklären, daß wir bei den suchtbesetzten Alltagsdrogen dieses Verniedlichen so oft benutzen. Wie gerne wird da ein Zigarettchen angeboten, ein Pfeifchen wird noch eben geraucht. Vom Kaffee wird noch ein Täßchen eingeschenkt, ein Schlückchen kann man ja noch trinken. Dazu paßt das Stückchen Torte und danach das Gläschen Wein, das Bierchen, das Schnäpschen oder Likörchen.

Na – habe ich Sie erwischt beim Entschuldigen? Gehören Sie auch zu den Meistern des Verdrängens? Sollte es Ihnen bei den oben aufgeführten Genüssen schlecht geworden sein, dann lassen Sie sich ja nicht von Ihrem Arzt ein Tablettchen oder Pülverchen oder ein paar Tröpfchen geben. Wenn er seine Drogen so nennt, dann ist auch er ein Verdränger und Verharmloser.

Warum bekennen wir uns nicht zum Inhalt und der Menge des Verzehrten? Liegt es vielleicht doch am unbewußten Erkennen des nicht so ganz Erlaubten? Wir Vollwertköstler haben es da leicht. Bei Wort Brei zum Beispiel ist es ganz klar: ein Breichen ist für das Kleinkind – und ich lasse mir meinen Frischkornbei nicht nehmen, nicht verkleinern, nicht verniedlichen, und ich nenne ihn auch so! Oder essen Sie ein Frischkornbreichen, Salätchen mit Kartöffelchen und Butterböhnchen? Dann sollten Sie sich dringend meiner Sprachform anschließen und sollten nicht nur bei der Zusammensetzung und Menge Ihrer Nahrung, sondern auch bei der Wahl der Vokabeln nachdenken. Und achten Sie einmal auf die Wortwahl Ihrer Mitmenschen. Dabei müssen Sie allerdings auch richtig zuhören und nicht nur ein bißchen.

In der knackigen Vollwertkost ist wenig Platz für das Diminutiv als Verkleinerungs-Fall oder als Sünden-Fall.

Warum man so halbherzig ist!

In meiner Praxis bekommen die Kinder – ob sie nun brav sind oder nicht – kleine bunte Holztiere, die ich schon seit vielen Jahren als Mitgabeartikel bei einem schwäbischen Kinderspielzeughersteller beziehe. Neulich sagte eine Mutter zu einem Kind, das zu tief in den ersehnten Topf mit dem Spielzeug griff: „Das tut man nicht! Man kann ja nicht alles haben!"

Kennen Sie diese sprachliche Technik der Selbstverleugnung? Warum sagt die Mutter eigentlich nicht: „Du darfst dir doch nur ein Spielzeug nehmen" oder „Ich glaube, Du bist unverschämt" oder „Meiner Meinung nach verlangst Du zuviel!" Warum benutzt sie die Ausflucht zum neutralen „man …"?

„Man schlägt sich so durch" ist eine beliebte Antwort nach dem Wohlbefinden. „Man müßte mal …", „man könnte doch …", es gibt viele solcher Phrasen, hinter denen immer nur die halbe Kraft der Überzeugung steckt. „Man sollte weniger essen" seufzt der Dicke, nachdem er wieder einmal den Teller zu voll genommen hatte. Dabei nimmt er in die Anklage seiner eigenen Freßsucht alle dicken Mitmenschen mit auf und reiht sich mit ein in alle diejenigen, die ja sowieso nur halbherzig ihre Eßgewohnheiten

ändern. „Ich werde ab sofort weniger essen!"
das wäre schon eine andere Aussage, voller per-
sönlicher Konsequenz. Damit meine ich dann
mich und gebe eine Aussage und Zusage, an der
ich gemessen werden kann.

Wenn es nicht glaubwürdig ist, wenn es un-
sinnig ist, dann bleiben wir beim "man..."
Keine Sekunde unseres Lebens bekommen wir
zurück und doch singen wir „Man müßte noch
mal zwanzig sein". Also, ich möchte das nicht,
mein Leben ist heute. Und ich möchte für mich
entscheiden und nicht mit dem allgemeinen
„man" gemessen werden.

Ob man sich das mal überlegt?

Sind Sie schon durchgecheckt?
Was technisches Denken und sprachlicher
Ungeist mit unserer Einstellung zur
Gesundheit zu tun haben

Ist Ihnen schon aufgefallen, daß sowohl Ihre
Auto-Werkstatt als auch Ihr Arzt die gleichen
Vokabeln benutzen, wenn sie von ihren Werk-
stücken oder von ihren Patienten sprechen?
Wenn der Automechaniker vom „check-up"
spricht, meint er eine technische Durchsicht des
Motors und des Fahrzeugs. Der Arzt meint,

wenn er „check-up" sagt, eine gründliche Untersuchung eines Patienten. Dabei ist dem Arzt allerdings das Wort „check-up" von den Krankenkassen und Standesvertretern diktiert worden, und zwar aus modischen Gründen. Zum ärztlichen Denken paßt dieses Wort nämlich gar nicht.

Die vom Arzt schon immer vorgenommene, gründliche Untersuchung eines Patienten soll mit dieser neuen Vokabel einen Anreiz bekommen und häufiger, auch von gesunden Menschen, vom Arzt verlangt werden. Wir wollen hier nicht untersuchen, ob das sinnvoll ist oder ob das nicht doch ärztliche Kollegen zum übermäßigen und überflüssigen Handeln verführt, was dem Patienten eher Schaden zufügen kann. Diese Untersuchung ist nun aber als viel propagierter „check-up ab 35" in ein begrenztes und starres Schema gepreßt worden; sie hat das Merkmal Gründlichkeit dabei gründlich eingebüßt. Ob das derjenige, der sich zum check-up meldet, auch weiß? Mir erscheint es so, als ob das Wort „das wollen wir einmal durchchecken" völlig unreflektiert durch unsere Sprache geistert. Ohne daß es richtig bemerkt worden ist, ist der wunderbare und vielgestaltige Organismus des Menschen mit seinen vielseitigen Äußerungen und Funktionen einer seelenlosen Maschine gleichgesetzt worden.

Nach der Untersuchung oder dem „check-up" kommt die Diagnose. Dieses Wort haben sich die Automechaniker von den Ärzten entlehnt und für eine mechanisierte, automatische Überprüfung einer Maschine mit Fehlersuche und Fehlerfindung verwendet. Dabei verstehen wir Ärzte unter Diagnose einen Blick durch und hinter die Dinge (dia = durch) und eine Erkenntnis aus dieser Schau (gnosis = erkennen). Wie soll das bei einer Maschine wohl möglich sein? Was aber bewirkt es in unseren Köpfen, wenn wir das Wort Diagnose auch in der Autowerkstatt finden?

Wundert es uns Ärzte nun, daß sich junge Menschen bei uns vorstellen, um sich „durch-checken" zu lassen? Daß sie davon sprechen, es sei etwas „ausgerastet" oder „ticke nicht mehr richtig" oder sei „ausgeflippt"? Entwickelt sich aus diesem technischen Denken und diesem sprachlichen Ungeist nicht ein anderes Empfinden und eine andere Verantwortung für unseren Körper?

Haben denn all diejenigen, die mir sagen, ihre „Pumpe" sei nicht in Ordnung (und dabei ihr Herz meinen), nicht gelesen, daß es noch immer nicht gelungen ist, diese vermeintliche Pumpe

112

nachzubauen, um sie zu ersetzen? Begreifen denn diese Menschen nicht, daß das unbegreifliche Wunderwerk Herz kein Motor ist, der mit TÜV- und ASU-Untersuchungen alle sechs Monate gecheckt läuft? Sondern daß es ein kostbarer Schatz ist, für den wir immer mehr tun müssen; so viel mehr, wie für unsere allgemeine Gesundheit und Lebensführung auch.

Wie sollen wir dem Check-up-Kandidaten klarmachen, daß wir als Ärzte nur ganz wenige, fast winzige Äußerungen seines Körpers mit unseren Untersuchungsmethoden wahrnehmen können und daß uns ganz vieles verborgen bleibt von der Wunderwelt der Lebensprozesse? Wiegt er sich nicht in einer falschen Sicherheit nach seinem Diagnose-check-up? In einer Sicherheit, die ihm weitere Eigenverantwortung, sorgfältige Beobachtung und Pflege seines Körpers abnimmt?

Wie werden unsere jungen Ärzte, die jetzt die Universität verlassen, mit diesem Denken umgehen? Nach der intensiven naturwissenschaftlichen Ausbildung und dem Wissen, alles ist analysierbar, findbar und beherrschbar, werden sie diesen Vorstellungen folgen und weitere Analysenlisten aufstellen. Werden sie dann daraus nicht die Folgerung ziehen, man könne alles Machbare auch machen und alles Austauschbare auch austauschen, ohne Gefahr und ohne Folgen? Ein wahres, menschliches Ersatzteillager ist ja schon auf der Liste: Augenlinsen, Gefäße, Schrittmacher, Gelenke aller Arten, Haut, Nieren usw.

Ist es nicht merkwürdig, daß in einer Zeit, in der wir uns fast alle zu egozentrischen Einzelpersönlichkeiten mausern und unsere persönlichen Marotten ausgiebig pflegen, daß in dieser Zeit solch ein Gleichschaltungsgedanke um sich greifen kann? So als seien auch wir alle vom Fließband gelaufen. Und nur, weil wir alle die gleichen Jeans tragen, alle Hamburger essen und um dieselbe Zeit im Fernsehen alle „Dallas" sehen, sind wir auch alle die gleichen Persönlichkeiten?

Wer mich nach einem check-up fragt, dem kann ich nur sagen: „Ich kann dich mit niemandem vergleichen. Du bist so einmalig, du bist so besonders und so wertvoll, daß du in keines der auch nur vorstellbaren Schemata paßt. Ich will deinen Körper und alles, was ich von dir ansehen kann, genau betrachten und auch alle sinnvollen technischen Hilfsmittel einsetzen für diese Untersuchung. Aber dann müssen wir einen Behandlungs- und Lebensplan machen, der diese deine Befunde in dein Leben einbaut. Einen Plan, der sich an deiner Biographie, an deinen

Temperamenten, an deinem Alter und dem Zustand deines Körpers orientiert. Das alles paßt in keine Liste."

Haben Sie erkannt, wessen Diktion das ist? Ach, würden doch die ärztlichen Kollegen aufmerksamer auf Dr. Max Otto Bruker hören, der uns das alles gelehrt hat. Würden sie doch erfassen, was er unter ganzheitsmedizinischer Betrachtungsweise versteht. Und was Dr. Bruker meint mit den ernährungsbedingten und lebensbedingten Krankheiten, von denen man so viele nicht hat, sondern sie sich holt! Sie würden dann erkennen, daß die Prävention, das heißt die Verhütung (und Früherkennung) von Krankheiten etwas völlig anderes ist als ein „check-up", auf den sie alle so stolz sind. Dann würden sie sehen, daß die wichtigsten aller ärztlichen Tugenden mitmenschliche Ehrfurcht, Liebe und Achtung sind. Die Ehrfurcht vor allem Leben, die Liebe zum hilfsbedürftigen Nächsten und die Achtung seiner Persönlichkeit sind die Schlüssel zu aller Patientenführung und zugleich die entscheidende Arznei in der Hand des Arztes. Ohne sie kann nichts gelingen, was dem Mitmenschen in seiner Individualität gerecht werden soll.

Mit diesen Voraussetzungen kann dann das Sprechzimmer des Arztes mit Recht noch Sprech-Zimmer heißen und der Behandlungsraum Be-Hand-lungsraum. So denkende Ärzte werden das Be-sprechen und das Be-hand-eln nicht verlernen und weiterhin ganz in den Mittelpunkt ihrer Tätigkeit stellen. All die grandiosen technischen Erfolge von Diagnostik und Therapie kommen trotzdem dem Patienten zugute, wenn sie nach der aufmerksamen Untersuchung für notwendig und richtig befunden werden. Als der wichtigste Bestandteil und Mittelpunkt allen ärztlichen Tuns steht aber das erklärende und leitende Gespräch mit dem Patienten und das helfende liebevolle Handanlegen am leidenden Menschen. Das alles muß aus der Situation heraus, die Persönlichkeit beachtend, ohne jedes Schema und voller Empathie (das heißt Mitleidensfähigkeit) geschehen.

Dieses Tun und Denken sollten wir Ärzte uns nicht nehmen lassen. Und wir sollten nicht erlauben, daß sich unsere Patienten durch törichtes, modisches Gerede und durch isoliertes technisches Denken falsche Beziehungen und Empfindungen zu ihrem eigenen Körper, zu ihrer Krankheit und Gesundheit aneignen können.

Gehen Sie als Arzt, als hilfesuchender Patient oder als gesundheitsbewußter Mitmensch bei Dr. Bruker in die Schule. Lernen Sie von seinem Denken und von seiner Sprache. Sie werden dann – so wie ich – ein neues, dankbares Verhält-

nis zu der wunderbaren Schöpfung Ihres Organismus bekommen. Sie werden wieder Sie selber und unverwechselbar. Der viel gepriesene
„check-up" wird Ihnen dann allerdings sehr banal vorkommen. Verlangen Sie mehr!

Ein Verlag, ein Haus, eine Philosophie

In Wim Thoelkes Sendung „Der Große Preis" tritt der weißhaarige Arzt von der Lahnhöhe ebenso gewandt und treffsicher vor 20 Millionen Zuschauern auf wie in der Nibelungenhalle in Passau vor 4000 gesundheitskritischen Zuhörern: Dr. med. Max Otto Bruker. Millionen Bundesbürger kennen den kämpferischen Ganzheitsmediziner aus dem Fernsehen, aus Vorträgen, durch den „Mundfunk" überzeugter Patienten. Vor allem lesen sie aber die Bücher des schwäbischen Humanisten und Seelenarztes. Mit einer Buchauflage von rund drei Millionen Exemplaren ist Max Otto Bruker der wohl bedeutendste medizinische Erfolgsautor im deutschsprachigen Raum. Vierundachtzig Jahre ist der – in der Nachfolge des Schweizer Reformarztes Bircher-Benner scherzhaft „Deutschlands Vollwertpapst" genannte – Massenaufklärer, langjährige Klinikchef und Ernährungsspezialist – und kein bißchen greise. Zwei fundamentale Erkenntnisse lehrt M.O. Bruker Patienten wie Gesunden: Der Mensch wird krank, weil er sich falsch ernährt. Der Mensch wird krank, weil er falsch lebt.

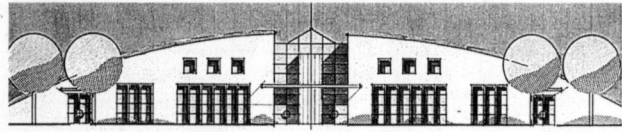

Das Max Otto Bruker Haus

Max Otto Bruker Haus

Hinter den Erfolgstiteln des emu-Verlages steht ein bedeutender Forscher und Arzt, eine Bewegung, ein Haus und tausende Schülerinnen und Schüler. Das „Dr. Max Otto Bruker Haus", auf der Lahnhöhe in Lahnstein bei Koblenz, stellt sozusagen die Krönung des Brukerschen Lebenswerkes dar: Der lichte Bau mit seinem Grasdach, den Sonnenkollektoren und Wasserrecyclinganlagen, seinen Seminar-, Selbsterfahrungs- und Meditationsräumen und dem Foyer mit der Glaskuppel ist als eine Heimat für all jene konzipiert, denen körperliche und seelische Gesundheit, ökologische und spirituelle Harmonie Herzensbedürfnis und Sehnsucht sind.

Hinter dem eleganten Halbmondkorpus mit dem markanten Grasdach verbirgt sich eine Begegnungsstätte für Gesundheitsbewußte, Seminarteilnehmer, Trost-, Ruhe- und Anregungsbedürftige. Lesungen, kleine Konzerte, Vorträge, alternative Zusammenkünfte erwarten den Besucher. Der große Vollwert-Eßraum mit seinem Ausblick auf den sanften Hang, die Lehrküche, die Bibliothek, eine Sauna, eine Kneipp-Anlage, der Therapieraum der Therapeuten runden das Angebot zur körperlichen und geistigen Gesundheitsbegegnung ab.

Ausbildung Gesundheitsberater/in GGB

Die vitalstoffreiche Vollwertkost hat ihre Verbreitung, auch im klinischen Bereich, durch die unermüdliche Information und praktische Durchführung von Dr. M. O. Bruker gefunden. Um die Erkenntnisse gesunder Lebensführung und die durch falsche Ernährung provozierte Krankheitslawine ins öffentliche Bewußtsein zu rücken, bildet M. O. Bruker seit 1978 (im Rahmen der von ihm gegründeten „Gesellschaft für Gesundheitsberatung GGB e. V.") Gesundheitsberaterinnen und Gesundheitsberater GGB aus. Über 2000 haben bislang die berufsbegleitende Ausbildung bestanden und wirken in Volkshochschulen, Bioläden, Lehrküchen, Krankenhäusern, ärztlichen Praxen, Krankenkassen und ähnlichen Bereichen.

Auf der Lahnhöhe erhalten sie durch Dr. Bruker und sein Expertenteam nicht nur eine sorgfältige Grundlagenausbildung über die vitalstoffreiche Vollwerternährung und den Krankmacher der „entnatürlichten" (denaturierten) Zivilisationsernährung (raffinierter Fabrikzucker, Auszugsmehle, fabrikatorische Öle und Fette, tierisches Eiweiß usw.), sondern gewinnen auch Einblick in die leib-seelischen Zusammenhänge der Krankheiten. Viele Krankheiten, diagnostiziert M. O. Bruker, sind leidvolle Folgen falscher Lebensführung und ungelöster Konflikte.

Anfragen zur Gesundheitsberater-Ausbildung wie zu den Selbsterfahrungsgruppen und weiteren Tages- und Wochenendseminaren sowie Einzelberatung und dem Urlaubsprogramm „Fit ab 40" sind zu richten an die Gesellschaft für Gesundheitsberatung GGB e. V., Taunusblick 1, 56112 Lahnstein (Tel. 02621/91700, Fax: 02621/917033). Fordern Sie dort bitte ebenfalls ein kostenloses Probe-Exemplar der Zeitschrift „Der Gesundheitsberater" an.

Literaturhinweise: Dr. med. M. O. Bruker mit Co-Autoren:

Unsere Nahrung – unser Schicksal

Lebensbedingte Krankheiten

Idealgewicht ohne Hungerkur
mit Rezepten von Ilse Gutjahr

Stuhlverstopfung in 3 Tagen heilbar
mit Rezepten von Ilse Gutjahr

Herzinfarkt, Herz-, Gefäß- und Kreislauferkrankungen

Leber-, Galle-, Magen-, Darm- und Bauchspeicheldrüsenerkrankungen

Erkältungen müssen nicht sein
mit Rezepten von Ilse Gutjahr

Rheuma – Ursache und Heilbehandlung
mit Rezepten von Ilse Gutjahr

Dr. M. O. Bruker / Ilse Gutjahr
Biologischer Ratgeber für Mutter und Kind

Diabetes und seine biologische Behandlung
mit Rezepten von Ilse Gutjahr

Allergien müssen nicht sein

Zucker, Zucker...

Hilfe bei Kopfschmerzen, Migräne und Schlaflosigkeit

Dr. M. O. Bruker / Ilse Gutjahr
Wer Diät ißt, wird krank

Dr. M. O. Bruker / Ilse Gutjahr
Cholesterin der lebensnotwendige Stoff

Dr. M. O. Bruker / Ilse Gutjahr
Osteoporose – Dichtung und Wahrheit

Dr. M. O. Bruker / Ilse Gutjahr
Reine Frauensache

Dr. M. O. Bruker / Dr. phil. Mathias Jung
Reine Männersache

Dr. M. O. Bruker / Dr. phil. Mathias Jung
Der Murks mit der Milch

Dr. M. O. Bruker / Ilse Gutjahr
Fasten – aber richtig
„...die höchste Arznei aber ist die Liebe"
Ein Bruker-Lesebuch, Hrsg. Dr. phil. Mathias Jung